网店美工实战手册

网店装修・平面广告设计・视频广告制作 一本通

创锐设计 编著

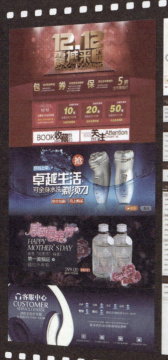

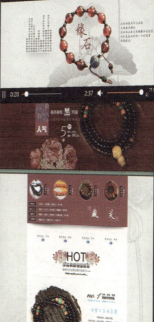

机械工业出版社
China Machine Press

图书在版编目（CIP）数据

网店美工实战手册：网店装修·平面广告设计·视频广告制作一本通 / 创锐设计编著. —北京：机械工业出版社，2018.2（2021.9重印）

ISBN 978-7-111-59039-2

Ⅰ. ①网… Ⅱ. ①创… Ⅲ. ①电子商务–网站–设计–手册 Ⅳ. ①F713.361.2-62②TP393.092-62

中国版本图书馆CIP数据核字（2018）第019707号

电子商务的本质就是用视觉形成转化率，它特殊的交易方式使得网店页面的视觉设计比实体店铺的装修更加重要。本书即以Photoshop、会声会影（Corel VideoStudio）等常用图形图像软件和视频编辑软件为平台，结合大量典型而精美的实例，全面而系统地讲解了网店页面设计、广告视频制作的必备知识与技能。

全书共8章，可分为3个部分。第1部分为基础知识，包括第1章，主要讲解与网店装修相关的基本概念、设计知识、文件格式与软件知识、注意事项等。第2部分为网店页面设计，包括第2～6章，首先讲解Photoshop在网店装修设计中的核心应用技法，随后针对网店首页、商品详情页中不同区域的设计要点分别进行讲解，最后通过典型的综合性实例在应用中巩固所学。第3部分为网店视频制作，包括第7～8章，首先讲解会声会影在网店视频制作中的核心应用技法，随后同样通过主图视频和详情页广告视频两个典型的综合性实例在应用中巩固所学。

本书结构清晰、内容翔实、实例精美，非常适合想自己装修网店的读者阅读，新手店主无须参照其他书籍即可轻松入门，对有一定网店装修经验的读者也有极高的参考价值，还可作为大中专院校电子商务相关专业或社会培训机构的教材。

网店美工实战手册：网店装修·平面广告设计·视频广告制作一本通

出版发行：机械工业出版社（北京市西城区百万庄大街22号　邮政编码：100037）	
责任编辑：杨　倩	责任校对：庄　瑜
印　　刷：北京富博印刷有限公司	版　　次：2021年9月第1版第3次印刷
开　　本：190mm×210mm　1/24	印　　张：10.5
书　　号：ISBN 978-7-111-59039-2	定　　价：59.80元

客服电话：（010）88361066　88379833　68326294　　　投稿热线：（010）88379604
华章网站：www.hzbook.com　　　　　　　　　　　　　　读者信箱：hzit@hzbook.com

版权所有·侵权必究
封底无防伪标均为盗版
本书法律顾问：北京大成律师事务所　韩光 / 邹晓东

PREFACE 前 言

如今，网上购物对于大多数人来说已不再陌生，电商平台上的店铺和商品不计其数，竞争十分激烈，要打动顾客下单购买，除了商品本身的价格与品质优势外，网店美工，即网店页面的装修设计是另一个关键因素。同时随着越来越多的电商平台支持短视频功能，对网店装修也提出了更高的要求。本书即以Photoshop、会声会影（Corel VideoStudio）等常用图形图像软件和视频编辑软件为平台，结合大量典型而精美的实例，全面而系统地讲解了网店页面设计、广告视频制作的必备知识与技能。

内容结构

全书内容按网店装修设计的流程进行编排，共8章，可分为3个部分。

第1部分为基础知识，包括第1章，主要讲解与网店装修相关的基本概念、设计知识、文件格式与软件知识、注意事项等。

第2部分为网店页面设计，包括第2~6章，首先讲解Photoshop在网店装修设计中的五项核心应用技法，包括裁图、修图、调色、抠图、文字设计等，随后针对网店首页、商品详情页中不同区域的设计要点分别进行讲解，最后通过典型的综合性实例在应用中巩固所学。

第3部分为网店视频制作，包括第7~8章，首先讲解会声会影在网店视频制作中的五项核心应用技法，包括导入和编辑素材、转场效果制作、覆叠效果制作、音频的添加与处理、标题和字幕的制作等，随后同样通过主图视频和详情页广告视频两个典型的综合性实例在应用中巩固所学。

编写特色

◎ 理论与实践的紧密结合

本书采用理论与实践相结合的编写方式，先分析知识和技法要点，再结合实例直观地讲解知识和技法的具体应用，让读者在实践中加深理解。

◎ 典型而实用的设计实例

本书的实例选材广泛，涵盖了服装、鞋包、饰品、美妆、食品、数码产品等当前热门的商品类目，风格时尚而多样，设计效果精美，具有极强的典型性和实用性，读者可以在实际工作中直接套用。

◎ 丰富的知识与技巧扩展

书中以"专家提点"和"技巧"小栏目的形式提供了丰富的扩展知识及软件操作诀窍，帮助读者开阔眼界、提高效率。

读者对象

本书非常适合想自己装修网店的读者阅读，新手店主无须参照其他书籍即可轻松入门，对有一定网店装修经验的读者也有极高的参考价值，还可作为大中专院校电子商务相关专业或社会培训机构的教材。

由于编者水平有限，在编写本书的过程中难免有不足之处，恳请广大读者指正批评，除了扫描二维码关注订阅号获取资讯以外，也可加入QQ群111083348与我们交流。

编　者

2018年1月

如何获取云空间资料

步骤1：扫描关注微信公众号

在手机微信的"发现"页面中点击"扫一扫"功能，如右一图所示，页面立即切换至"二维码/条码"界面，将手机对准右二图中的二维码，即可扫描关注我们的微信公众号。

步骤2：获取资料下载地址和密码

关注公众号后，回复本书书号的后6位数字"590392"，公众号就会自动发送云空间资料的下载地址和相应密码，如下图所示。

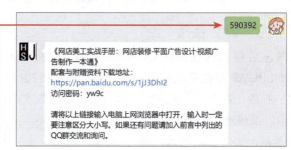

步骤3：打开资料下载页面

方法1：在计算机的网页浏览器地址栏中输入获取的下载地址（输入时注意区分大小写），如右图所示，按Enter键即可打开资料下载页面。

方法2：在计算机的网页浏览器地址栏中输入"wx.qq.com"，按Enter键后打开微信网页版的登录界面。按照登录界面的操作提示，使用手机微信的"扫一扫"功能扫描登录界面中的二维码，然后在手机微信中点击"登录"按钮，浏览器中将自动登录微信网页版。在微信网页版中单击左上

角的"阅读"按钮,如右图所示,然后在下方的消息列表中找到并单击刚才公众号发送的消息,在右侧便可看到下载地址和相应密码。将下载地址复制、粘贴到网页浏览器的地址栏中,按 Enter 键即可打开资料下载页面。

步骤 4:输入密码并下载资料

在资料下载页面的"请输入提取密码"下方的文本框中输入步骤 2 中获取的访问密码(输入时注意区分大小写),再单击"提取文件"按钮。在新页面中单击打开资料文件夹,在要下载的文件名后单击"下载"按钮,即可将云空间资料下载到计算机中。如果页面中提示选择"高速下载"还是"普通下载",请选择"普通下载"。下载的资料如为压缩包,可使用 7-Zip、WinRAR 等软件解压。

步骤 5:播放多媒体视频

如果解压后得到的视频是 SWF 格式,需要使用 Adobe Flash Player 进行播放。新版本的 Adobe Flash Player 不能单独使用,而是作为浏览器的插件存在,所以最好选用 IE 浏览器来播放 SWF 格式的视频。右击需要播放的视频文件,然后依次单击"打开方式 > Internet Explorer",如右一图所示,系统会根据操作指令打开 IE 浏览器,如右二图所示,稍等几秒钟后就可看到视频内容。

如果视频是 MP4 格式,可以选用其他通用播放器(如 Windows Media Player、暴风影音)播放。

> **提示**
>
> 读者在下载和使用云空间资料的过程中如果遇到自己解决不了的问题,请加入 QQ 群 111083348,下载群文件中的详细说明,或寻求群管理员的协助。

CONTENTS 目录

前言
如何获取云空间资料

第1章 不可不知——网店装修快速入门

1.1 网店装修的基础知识 / 12
    1.1.1 网店装修的概念 / 12
    1.1.2 网店装修的位置 / 13
    1.1.3 网店装修的类型 / 15

1.2 网店装修的色调与风格的定位 / 16
    1.2.1 用类似色形成统一风格 / 16
    1.2.2 用互补色构建撞色风格 / 17
    1.2.3 用多种色彩打造炫彩风格 / 18
    1.2.4 各行业店铺装修的色调与风格解析 / 19

1.3 网店装修的前期准备 / 20
    1.3.1 拍摄商品照片和视频 / 20
    1.3.2 搜集修饰素材 / 22
    1.3.3 获取网络存储空间 / 23
    1.3.4 了解网店装修规范 / 25

1.4 网店装修中常用的文件类型与软件 / 28
    1.4.1 网店装修常用的文件类型 / 28
    1.4.2 网店装修设计利器——Photoshop / 32
    1.4.3 网店视频制作利器——会声会影 / 33

1.5 网店装修中需要注意的问题 / 34
    1.5.1 图片忌过多过大 / 34
    1.5.2 动画和特效忌过多 / 34
    1.5.3 页面设计忌复杂 / 35
    1.5.4 设计风格忌不统一 / 35
    1.5.5 视频忌过长 / 35

第2章 必备绝技——网店装修五大技能

2.1 裁图——裁剪照片纠正角度 / 37
    2.1.1 重设图片的大小 / 37
    2.1.2 裁去多余图像改变构图 / 38
    2.1.3 校正变形的商品 / 39

2.2 修图——构建完美细节 / 40
    2.2.1 去除水印 / 40
    2.2.2 局部擦除多余内容 / 42
    2.2.3 模特妆面美容 / 43
    2.2.4 模特身形调整 / 45

2.2.5 锐化图像使商品更清晰 / 47

2.3 调色——校正色差美化图片 / 49
 2.3.1 恢复图片的正常亮度 / 49
 2.3.2 校正白平衡还原真实色彩 / 51
 2.3.3 改变商品色调营造特殊氛围 / 52

2.4 抠图——精确选取替换背景 / 53
 2.4.1 单色背景的快速抠取 / 53
 2.4.2 规则对象的抠取 / 54
 2.4.3 多边形对象的抠取 / 56
 2.4.4 轮廓清晰对象的抠取 / 57
 2.4.5 图像的精细抠取 / 58
 2.4.6 复杂或半透明图像的抠取 / 59
 2.4.7 让抠取的商品图像边缘更理想 / 62

2.5 文字——辅助商品信息的表现 / 63
 2.5.1 输入文字并设置格式 / 63
 2.5.2 打造具有创意的标题文字 / 64
 2.5.3 段落文字的艺术化编排 / 65

第3章 网店首页——给顾客带来信心与惊喜

3.1 招牌——店招与导航 / 67
 3.1.1 设计要点 / 67
 3.1.2 灯具店铺店招与导航设计 / 68
 3.1.3 宠物用品店铺店招与导航设计 / 72

3.2 动态——欢迎模块 / 76
 3.2.1 设计要点 / 76
 3.2.2 新品上架欢迎模块设计 / 77
 3.2.3 母亲节欢迎模块设计 / 81

3.3 服务——收藏与客服区 / 86
 3.3.1 设计要点 / 86
 3.3.2 收藏区设计 / 87
 3.3.3 客服区设计 / 91

▶ 妙招 快速制作简约大气的欢迎模块 / 95

第4章 商品详情——精准地抓住顾客的眼球

4.1 形象——橱窗展示 / 98
 4.1.1 设计要点 / 98
 4.1.2 特效合成类的橱窗展示设计 / 99
 4.1.3 综合表现类的橱窗展示设计 / 102

4.2 系统——商品分类 / 105
 4.2.1 设计要点 / 105
 4.2.2 炫彩风格的商品分类设计 / 106
 4.2.3 单色风格的商品分类设计 / 108

4.3 推荐——商品搭配专区 / 110
 4.3.1 设计要点 / 110
 4.3.2 冷酷风格的商品搭配专区设计 / 111
 4.3.3 清爽风格的商品搭配专区设计 / 115

4.4 详情——商品细节展示 / 119
 4.4.1 设计要点 / 119

4.4.2 指示式商品细节展示设计 / 120

4.4.3 拆分式商品细节展示设计 / 124

📔 妙招　商品详情页信息的最佳
　　　　展示顺序 / 128

第5章　第一印象——
　　　　网店首页整体装修

5.1　饰品店铺首页装修设计 / 131

5.1.1 制作背景确定设计风格 / 133

5.1.2 抠取饰品制作欢迎模块 / 134

5.1.3 制作二级海报展示人气商品 / 136

5.1.4 使用商品分类栏引导购物 / 138

5.1.5 制作推荐款区域呈现主打商品 / 140

5.1.6 补充内容完善首页信息 / 142

5.2　女装店铺首页装修设计 / 143

5.2.1 文字和图形组成简约店招和导航 / 145

5.2.2 利用图层蒙版制作溶图 / 146

5.2.3 绘制简易色块组成分类栏 / 147

5.2.4 制作简约风格的女装展示 / 148

5.2.5 制作客服区提升首页服务品质 / 151

5.2.6 调色和锐化整个页面 / 153

5.3　相机店铺首页装修设计 / 154

5.3.1 制作蓝色调的店招和导航 / 156

5.3.2 抠取相机打造精致的欢迎模块 / 157

5.3.3 添加优惠券和客服区 / 159

5.3.4 制作用线条引导视线的商品区 / 160

第6章　单品形象——
　　　　商品详情页装修

6.1　裙装详情页设计 / 163

6.1.1 设计标题栏确定页面风格 / 165

6.1.2 制作详尽的裙装展示页面 / 166

6.1.3 单色简约的侧边分类栏 / 169

6.1.4 清新自然的裙装橱窗照 / 170

6.2　女包详情页设计 / 171

6.2.1 利用广告图展示女包形象 / 173

6.2.2 专业全面的女包详情 / 174

6.2.3 制作侧边分类栏 / 178

6.2.4 添加收藏区丰富侧边分类栏 / 179

6.2.5 专业简约的女包橱窗照 / 179

6.3　金饰详情页设计 / 181

6.3.1 高端大气的金饰详情页 / 183

6.3.2 精致的场景及佩戴展示 / 186

6.3.3 内容丰富的侧边分类栏 / 189

6.3.4 典雅简约的金饰橱窗照 / 191

6.4　腕表详情页设计 / 193

6.4.1 冷酷大气的广告图 / 195

6.4.2 暗色调的商品详情 / 196

6.4.3 金属材质的侧边分类栏 / 200

6.4.4 简约大气的腕表橱窗照 / 201

第7章 会声会影——网店视频制作五大技能

7.1 导入和编辑素材——制作视频前的准备 / 203
- 7.1.1 导入与添加素材 / 203
- 7.1.2 修剪视频类素材 / 204
- 7.1.3 素材色彩校正 / 205
- 7.1.4 为素材添加滤镜效果 / 206
- 7.1.5 设置视频类素材回放速度 / 207

7.2 视频转场——素材的自然过渡 / 208
- 7.2.1 手动添加转场效果 / 208
- 7.2.2 自动添加转场效果 / 209
- 7.2.3 调整转场效果 / 209

7.3 覆叠图像——实现画中画效果 / 210
- 7.3.1 添加单个覆叠素材 / 210
- 7.3.2 添加多个覆叠素材 / 210
- 7.3.3 调整覆叠素材的位置和大小 / 211
- 7.3.4 设置覆叠遮罩 / 212

7.4 音频制作——塑造影片灵魂 / 213
- 7.4.1 添加音频素材 / 213
- 7.4.2 提取视频素材中的音频 / 214
- 7.4.3 调整音频播放时间 / 215
- 7.4.4 设置音频的淡入和淡出效果 / 215
- 7.4.5 为音频添加滤镜 / 216
- 7.4.6 音频的混音设置 / 217

7.5 标题和字幕——突出作品主题 / 218
- 7.5.1 添加单个标题 / 218
- 7.5.2 添加多个标题 / 219
- 7.5.3 调整标题位置和大小 / 220
- 7.5.4 更改标题字体和颜色 / 221
- 7.5.5 为标题添加动画效果 / 222
- 7.5.6 为视频添加字幕 / 222
- 7.5.7 保存字幕文件 / 225

第8章 视频广告——让网页动起来

8.1 简洁大方的主图视频设计 / 227
- 8.1.1 处理商品照片素材 / 228
- 8.1.2 设置视频项目属性并导入素材 / 229
- 8.1.3 创建视频转场效果 / 232
- 8.1.4 添加覆叠内容和标题文字 / 233
- 8.1.5 添加背景音乐并导出视频 / 236
- 8.1.6 按电商平台要求转换视频文件 / 238

8.2 详情页广告视频设计 / 241
- 8.2.1 处理照片素材 / 242
- 8.2.2 导入素材文件 / 243
- 8.2.3 处理视频素材 / 244
- 8.2.4 制作视频转场效果 / 246
- 8.2.5 制作覆叠动画效果 / 248
- 8.2.6 添加标题和音频 / 249

第1章 不可不知——网店装修快速入门

　　网店装修，简单来说就是对网店页面进行美化和装饰，它是提高网店转化率的一个重要途径。对于网店装修的新手来说，首先要搞清楚网店页面有哪些位置需要装修，知道如何确定装修的色调和风格定位、装修前要做好哪些准备工作，了解网店装修中会涉及的文件类型和常用的设计软件。上述内容在本章中都会逐一讲解，并对网店装修中需要注意的问题进行指导。

本章重点

- 网店装修的基础知识
- 网店装修的色调与风格的定位
- 网店装修的前期准备
- 网店装修中常用的文件类型与软件
- 网店装修中需要注意的问题

1.1 网店装修的基础知识

在网络平台上开店,除了需要有物美价廉的商品、有效的宣传手段和专业的客服人员,还需要有美观的页面。网店装修就是对网店页面进行装饰和美化。本节将对网店装修的概念、装修的位置和装修的类型进行讲解,帮助读者理解和掌握关于网店装修的基础入门知识。

1.1.1 网店装修的概念

实体店铺的店面是其进行商品陈列与销售的场所,而网店是存在于互联网上的虚拟店铺,店中销售的商品是通过网页呈现在顾客眼前的。因此,与实体店铺的店面装修不同,网店装修是对网店页面的美化和装饰,即在淘宝、天猫、京东等电商平台允许的结构范围内,尽量通过图片、文字、视频、程序模板等的合理编排与精心设计,组成一幅幅精美的画面,如下图所示。

大多数电商平台都会为卖家提供店铺装修模板和店铺装修教程,即便是新手卖家也能装修出一个看起来像模像样的店面,这也导致一些卖家认为网店装修很容易,不过是拍拍商品照片和视频、写写介绍文字,再上传而已。其实,网店装修并不比实体店铺的装修简单,并且它的重要性正越来越受到重视,这都是由网络购物的特殊性所决定的。

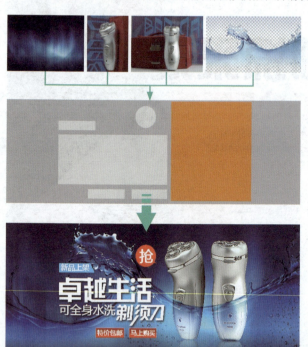

在实体店铺中,顾客可以通过看、尝、摸、闻、听等去感知商品实物的质量好坏,或者通过亲身试用来判断商品的功能是否满足自己的需求,还有售货员即时解答顾客的疑问并进行促销;而在网店中购物,由于接触不到商品实物,顾客只能通过网店页面中的图像、文字和视频来做判断。因此,网店必须通过装修形成强烈的视觉冲击力来吸引顾客点击进店并停留尽量长的时间,进而刺激顾客的购物欲望,促使其下单并且买得越多越好,同时还要在这一过程中将网店的品牌形象"植入"顾客脑中,以培养"回头客"群体。可以说,网店装修的要求并不低,要考虑的方面很多,对顾客消费心理的揣摩也要更加深入。

如下图所示，优秀的网店装修就如同实体店精心布置的橱窗，能够吸引正在逛街的顾客停下脚步、进入店内浏览；它又是一位"金牌导购"，能够将商品的方方面面都介绍得一清二楚，并且打动顾客的心；它还是一位"品牌大使"，能够增添顾客对店铺的信任。跟随本书一步一个脚印地学习，相信你也会拥有网店装修这个令生意兴旺的制胜法宝。

1.1.2 网店装修的位置

网店装修中涉及的页面类型较多，每类页面都有各自的功能和设计要求，其中最关键的两个页面就是网店首页和商品详情页，它们在商品销售过程中发挥着不同的重要作用，下面分别进行介绍。

网店首页是店铺的门面，代表着店铺的形象，它的装修效果会影响顾客对店铺的第一印象。

如右图所示为某女装店铺的网店首页装修设计，可以看到它包含多个模块，有店招、欢迎模块、导航模块、热卖商品和新品展示、客服和收藏区等，这些都是网店首页装修中的常用模块。该首页使用较为和谐的色彩对页面信息进行统一，并通过合理的布局对信息进行分类，展现出高端、大气的风格，十分贴合该女装品牌的气质与理念，同时能够很好地塑造店铺的专业形象，更容易赢得顾客的信任。

网店首页的装修设计通常拥有较大的自由度，由于大多数电商平台都可以使用代码进行网页设计，使用链接来对首页中的信息进行扩展，因此，网店美工可以充分利用首页空间，达到美化店铺、宣传商品的目的。

网店装修的另一个重要部分就是商品详情页。绝大多数顾客需要购买商品时，通常会遵循这样的流程：打开购物网站→输入关键字进行搜索→在搜索结果中点击感兴趣的商品→打开商品详情页查看详细介绍→看完后，如果对商品满意，则下单购买；如果对店铺也产生了好感，则可能会接着点击浏览店铺首页或商品分类，或者在店铺中搜索其他商品一起购买。由此可见，商品详情页除了要展示和介绍商品外，还要引导顾客在店铺内浏览，也就是起到店铺导航的作用。

商品详情页是促使顾客快下单、多下单的关键，为了达到目的，卖家也会在装修商品详情页时使出浑身解数，在效果的美观度、阅读的舒适度、信息的可信度等诸多方面做大量工作。例如，使用精心拍摄和调修的商品照片和商品视频全方位展示商品，选用设计合理的商品描述模板让页面内容显得丰富而不杂乱，优化图片大小以保证显示速度等。

如右图所示为某饰品的商品详情页设计，大致分为上端的橱窗照、左侧的侧边栏和右侧的商品详情，右侧的商品详情是设计的重点。设计者通过简约的色块、艺术化编排的段落文字、清晰的细节图像、内容丰富的侧边栏等内容，呈现出一个完整而专业的页面。

商品详情页一般会包含的内容如下图所示。

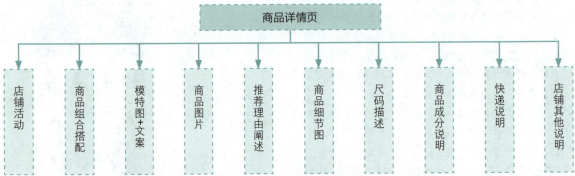

这些内容并不是全部都需要放到网页中，而是根据商品展示需要来进行选择。

1.1.3　网店装修的类型

网店装修可以分为两大类型：一种是购买成品模板，另一种是定制设计。卖家可根据自己的经济状况及需要达到的网店视觉效果来进行选择。

01 成品模板

成品模板就是设计师事先设计好的模板，如下图所示，应用时只需更改和替换固定的地方，如店招、广告语、商品分类名称等，其他不必修改。由于成品模板重复出售，所以制作速度快、价格低。

02 定制设计

成品模板价格便宜、使用简单，但容易与其他网店"撞脸"。如果想让装修效果更加个性化，可采用定制设计，即根据需要对风格、色调、布局进行全新设计。定制设计一般都不重复出售，以保证装修效果的独特性，但相应地价格较高，所需时间也较长。如右图所示是为某品牌女装定制设计的网店首页。

新手开店装修时可根据自己的需要选择相应的装修类型。若要节省成本，选择成品模板即可；如果预算充足，可选择定制设计，得到心仪的装修效果。

专业的首页布局　　符合店铺风格的配色　　最终的首页效果

1.2 网店装修的色调与风格的定位

色彩是视觉设计中一个很重要的元素。人的第一感觉是视觉,而对视觉感受影响最大的则是色彩。色彩作用于人的视觉感官后,还会刺激人的神经,进而影响人的情绪。色彩也在一定程度上决定了店铺装修的风格。在进行网店装修之前,需要根据店铺的特点、品牌的理念、商品的属性等来定位装修的色调与风格。

1.2.1 用类似色形成统一风格

网店装修的新手常常为色彩搭配犯难,面对成千上万种色彩,不知从何处下手。下面就来讲解几个色彩搭配的总体性原则和方法,操作起来比较简单,又不易出错。

在进行色彩搭配时,常常会用到的一个工具是色相环。色相环上距离较近的色彩被称为类似色或近似色,如红色、紫红色与紫色等,如右图所示。类似色的搭配在自然界中很容易找到,所以对眼睛来说,这是最舒适的色彩搭配方式,能给人以平静、协调的感觉。在网店装修中,类似色的搭配最不容易出错,它可以轻易地让设计出的画面形成统一、和谐的视觉效果。但是,类似色的对比也较弱,所以搭配效果会显得较为平淡和单调。在网店装修中使用类似色搭配时,可通过加强色彩的明度和饱和度的对比,达到强化色彩、避免平淡的目的。

如下左图所示是为某网店设计的客服区,在配色上主要使用了蓝色系的类似色;如下右图所示则是收藏区,在配色上主要使用了棕色系的类似色。它们都通过调整色彩的饱和度和明度来产生变化,从而避免单调,呈现出统一、协调的感觉,颜色之间过渡自然,使整个色彩布局既沉稳安静,又明快生动,体现了空间的深度和变化。

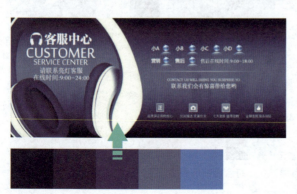 

1.2.2 用互补色构建撞色风格

在色相环上,色相之间的夹角为180°的色相称为互补色,如红色与绿色、蓝色与橙色、黄色与紫色等,如右图所示。互补色的对比最为强烈,采用互补色搭配的画面相较于类似色搭配更丰富、更具感官刺激性。

互补色搭配无疑是一种最突出、最具视觉冲击力的色彩搭配方式,如果想要让网店装修画面特别引人注目,那么互补色搭配或许是最佳选择。互补色搭配可以很完美地构建出"撞色风格",它是近年来设计界颇为流行的关键词,能够体现自信与活力,彰显个性,张扬气魄,因而成为许多设计师表达主题的不二选择。

"撞色风格"简单来说就是将两个或两个以上不同颜色的色块搭配或拼接在一起,以制某种色彩方面的强烈视觉冲击效果,除了互补色搭配之外,还可以是强烈色搭配,即将色相环中相隔较远的两种颜色搭配在一起。

"撞色风格"不一定要大范围撞色,小色块的撞色也可以把这种感觉发挥得淋漓尽致,能够让画面很有亮点,而且不会给人过于张扬的感觉。如下左图所示为某数码相机店铺的首页装修设计,画面中用大面积的蓝色作为主色调,通过橘色、红色和黄色三种暖色调的搭配,与冷色调的蓝色形成强烈的反差,打造出撞色的效果,更能将关键信息突显出来。

如下右图所示为某灯饰店铺的店招和导航设计,画面中使用了大面积的黑色作为背景,表现出黑夜的感觉,再通过添加不同明度的红色,与黑色形成强烈反差,呈现出撞色的效果,让店招文字与活动信息更加突出、显眼、生动,起到了画龙点睛的作用。

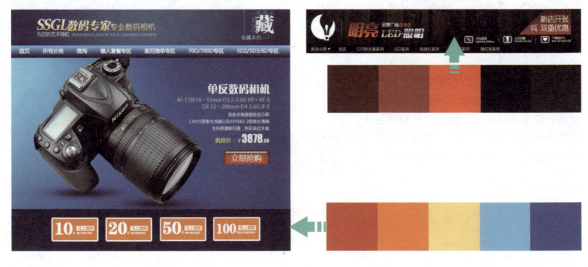

1.2.3 用多种色彩打造炫彩风格

在网店装修的过程中,为了营造出充满活力、兴奋或激动的氛围,往往会在配色中添加多种不同的颜色,通过对这些颜色的合理分布和使用,打造出炫彩风格的视觉效果。可以使用矩形来对色相环中的颜色进行搭配。将矩形放在色相环的中间,通过变化矩形的角度和大小,选择矩形四个角所在的色彩进行搭配,如右图所示。这四种颜色较为均匀地分布在色相环中,其中一种色彩作为主要色,这种搭配能取得最好的效果。需要注意的是,对多种颜色进行搭配时,需要注意冷暖色的对比和平衡。

> **专家提点**
>
> 不论使用哪种配色进行网店装修设计,都要注意黑色的用法。黑色是一种特殊的颜色,但如果搭配得当、运用合理,往往能产生很强烈的艺术效果。

一般初学者在进行网店装修时,往往会使用多种颜色,使网页变得色彩缤纷,令人眼花缭乱,缺乏统一感和协调感,也就失去了美感。事实上,网店装修的用色并不是越多越好,一般应控制在四种颜色以内,通过调整颜色的各种属性来产生变化,并且一定要注意把握颜色的面积、明度的安排。

如右图所示分别为某网店的套餐搭配区和商品分类栏,它们都使用了多种颜色进行搭配,营造出了活泼、跳跃的氛围。值得注意的是,画面中各种颜色的明度和纯度都是一致的,这样可以让整个画面的色彩搭配保持一定的稳定性。

1.2.4 各行业店铺装修的色调与风格解析

在进行网店装修之前,需要分析店铺的特点、品牌的理念、商品的属性等来定位装修的色调与风格。大多数情况下,店铺装修的风格与其销售的商品是息息相关的,不同行业类目的商品,在顾客心目中对应着不同的固有形象,因此,通过解读商品的风格来确定装修风格是一条捷径。在确定装修风格之后,再进行合理的配色,才能将商品的特点突显出来。接下来就对几种典型行业类目商品的风格与色调进行分析,如下图所示。

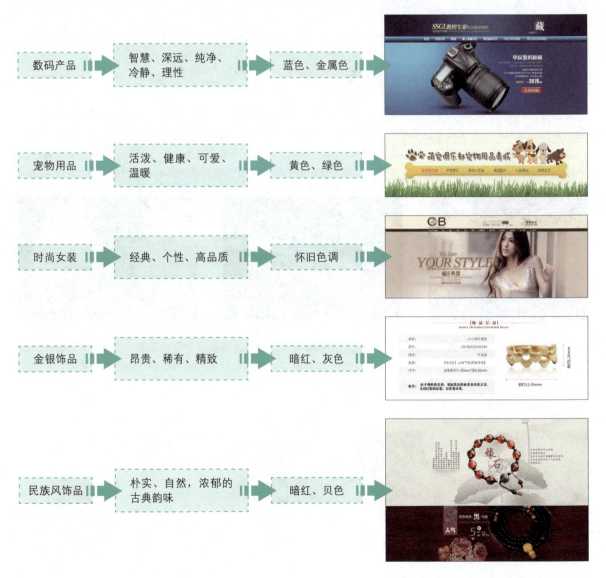

1.3 网店装修的前期准备

俗话说:"磨刀不误砍柴工。"在正式开始网店装修设计工作之前,还需要做好充分的准备。第一项工作就是收集大量的图片素材,包括商品照片、视频和修饰画面的素材。随后还要根据装修需求和预算获取网络存储空间,并了解所在电商平台对网店装修的规范和要求。

1.3.1 拍摄商品照片和视频

前面已经说过,在网店中,一件商品是以照片的形式展现在顾客面前的,顾客无法接触到商品的实物,商品的某些物理特性也就无法被顾客感受到,如商品的材质、分量等,这就对商品照片提出了更高的要求。商品照片除了要有足够的美感来打动顾客,还要从不同的角度较为全面地展示商品。如下图所示为拍摄的一款手表各个部位的特写照片,画面简洁,主体突出,细节清晰,能够很好地让顾客感受到手表的材质和做工。

 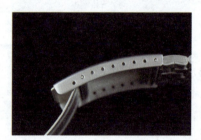 

在拍摄某些商品时,还需要自己布置简易的拍摄环境,让光线达到拍摄需要的强度,使得拍出的照片中商品的色泽和质感更接近人眼看到的效果。如下图所示就是在拍摄黄金材质的戒指时搭建的简易摄影棚,对光源和拍摄角度进行了准确布置,从而得到最佳的拍摄效果,再对拍出的照片进行适当的后期处理,就得到了一张效果不错的商品照片。

 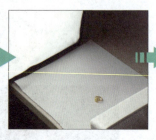 

拍摄的照片

后期处理后的照片

除了拍摄商品的细节图外，有时为了展示出商品的功能特性，让顾客更直观地感受商品的使用效果，还会拍摄模特使用或穿戴商品的照片。如下图所示是拍摄的一款鞋子的商品照片及在模特脚上试穿的效果照片，通过对比可以发现，模特试穿鞋子的照片为商品增添了亲和力，更能让顾客直观、真实地感受鞋子的穿戴效果，激发他们的购买欲望。

现在大多数电商平台都支持视频功能，也有越来越多的网店选择用视频来展示商品。视频能够弥补静态、平面的图片和文字在表达上的不足，将商品展示得更真实、更形象、更全面、更完善，让顾客多层面、多维度地了解商品。因此，在前期准备时，除了拍摄商品照片外，如果条件允许，还可以为商品拍摄一些简短的视频素材。

在拍摄视频时，可以从不同的侧重点入手，把商品的细节、卖点、使用方法等拍摄下来，使商品的展示变得立体。但要注意视频不能过长，否则容易让顾客失去耐心，并且拍摄之前还要梳理出一个清晰的思路，力求达到既短小精悍、又令人过目不忘的效果。如下图所示是为一款多功能修剪器拍摄的视频素材，通过真实、详细的操作，展示了这款多功能修剪器上修剪梳的拆装方法，不仅能解答一部分顾客在使用方法上的疑问，而且能让顾客感受到卖家在服务上的专业与贴心。

相对于商品照片的拍摄，视频素材的拍摄要求并没有那么高。在保证拍出的视频拥有足够清晰度的前提下，卖家可以根据个人情况选择拍摄器材。使用DV、数码单反相机等专业设备进行拍摄自然是最好的选择，如果没有，也可以使用手机来拍摄。

不管使用什么设备拍摄，目的都是为了让商品能够清晰地展示出来，所以在拍摄时应该尽量避免晃动，如果条件允许，最好使用三脚架对拍摄设备进行稳固。此外，还需要注意拍摄环境的光线，避免拍出的视频出现过暗或过亮等曝光不理想的情况。

如右图所示是使用手机为某品牌的茶叶拍摄的视频，这个视频清晰地展示了茶叶在泡制过程中的叶片变化，同时也教顾客怎样泡茶，最后使用视频编辑软件对拍摄的视频素材进行剪辑和处理，就得到了一个非常不错的短视频广告。

1.3.2 搜集修饰素材

整个网店页面就好像一幅完整的商业广告，组成元素非常丰富，只有在每个细节都做了精心打磨，才能得到最好的整体效果。因此，网店装修设计除了要有商品照片和视频以外，还需要用其他图像和文字来进行辅助表现。其中画面修饰元素的使用是必不可少的，它们能让画面效果更加丰富、精致，专业感更强。

下面通过两个实例看一看修饰元素对网店装修效果的影响。如下左图所示为某电脑配件店铺的鼠标商品主图初始设计，如下右图所示则为在左图基础上添加炫光元素进行修饰后的画面效果，可以看到添加了炫光后的画面更为绚丽，更能表达出鼠标的外观特点，提升了商品的档次。

底纹也是一种很重要的修饰元素。如下左图和下右图所示分别为未添加底纹的收藏区和添加了底纹的收藏区设计效果，可以很明显地看出，添加了底纹的收藏区显得更加精致。

修饰元素可以在装修过程中根据画面效果自己设计和绘制，但这样比较耗时，对设计者的要求也较高。此时，使用别人设计好的修饰素材就成了省时省力的选择，例如从网上下载可免费使用的素材包。修饰素材的类型多种多样，包括底纹、花饰、剪影、箭头、按钮、图标等，对文件格式也没有过多要求，只要能在装修设计软件中打开和编辑即可。如下图所示即为某童装店铺装修之前搜集的服装卡通插画及花纹素材。

挑选修饰素材时还要注意与店铺装修整体风格定位的统一，以让整个画面呈现出完整、协调的视觉效果。例如，走文艺路线的花卉园艺店铺可选用色彩清新淡雅的植物矢量插画作为修饰，而婴幼儿用品店铺则可选用外形可爱、色彩多变的卡通人物图像进行点缀。

1.3.3　获取网络存储空间

人们之所以能够随时随地浏览网店进行购物，是因为网店页面中所有的图片和视频，包括后台程序等内容，都是存储在专门的网络存储空间中的。在完成网店的装修设计后，就需要将设计结果存储到网络存储空间中，这样才能让顾客看到。

选择网络存储空间时要考虑的因素有很多，其中比较关键的有：存储容量，要足够存放网店装修的各种图片、视频和后台程序等；访问速度，网店页面在目标顾客的计算机或手机上加载和显示的速度不能太慢，否则会大大影响购物体验，导致顾客流失；稳定性和安全性，要能承受一定的访问量，并能防范一定的恶意攻击。其他因素还包括费用高低、是否支持图片外链、空间管理界面和技术服务支持是否友好等。

对网店装修来说，会涉及的网络存储空间大致有以下几种。

01 虚拟主机

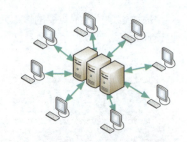

虚拟主机又叫网站空间，是企业网站存放网站内容采用的普遍方式，如右图所示为虚拟主机的工作方式。虚拟主机管理方便且系统稳定，并且支持多种类型的文件，如数据库、网页及图片等。虚拟主机通常价格较高，前期开发和后期维护成本也较高，比较适合想要自己架设电商平台的大卖家，对于资金和技术实力都比较薄弱的中小卖家来说就不适用了。

02 图片存储空间

图片存储空间包括支持外链的网络相册、博客等。注册并登录图片存储空间的账户后，将图片上传到相册中，再复制图片的外链地址，粘贴到电商平台的店铺空间中发布即可。这类图片存储空间通常提供免费服务，但对存储容量和月流量有一定限制，如果要提升容量和流量，则要额外花钱购买升级服务。

如右图所示为新浪微博相册的展示与上传页面，上传到相册的每张图片都有属于自己的图片地址，通过复制地址就能在网店装修中使用了。

03 电商平台的图片空间

为了保证数据安全和防范盗图，现在许多电商平台已经停止对外链图片的支持，转为自己向卖家提供图片空间。以淘宝为例，自2013年开始逐步禁用外链图片，并开放自有图片空间供卖家使用。目前淘宝图片空间提供一定的免费容量，如需扩容则要花钱购买，卖家可根据自家店铺的访问量等数据进行选择。如下图所示为淘宝图片空间的首页，卖家登录后即可使用。

1.3.4　了解网店装修规范

　　大多数卖家都是以入驻电商平台的形式开店的。电商平台对网店装修通常都会有一定的规范和要求，下面就来简单了解淘宝、天猫、京东这几个主流电商平台的装修规范。

01　淘宝、天猫

　　淘宝和天猫是目前国内最大的电商平台,同属于阿里巴巴公司。二者的区别在于：淘宝是一个 C2C 交易平台,简单来说就是个人对个人的销售平台,多以批发或代理的形式销售商品；而天猫是 B2C 商城,即企业对个人的销售平台,多为企业或公司以直销形式销售商品。虽然两个平台存在一定的差别,但因同属于一家公司,所以在装修规范上也比较相似。下表列出了淘宝和天猫对于网店图片的制作要求。

图片应用	尺寸要求（宽度×高度）	图片应用	尺寸要求（宽度×高度）
主图	800像素×800像素	旺旺自定义图片	宽度750像素以内，高度不限
店招	950像素×150像素	橱窗照	310像素×310像素
导航	950像素×50像素	商品细节描述	宽度750像素以内，高度不限
欢迎模块	宽度950像素以内，高度不限	公告栏	宽度480像素以内，高度不限
商品分类	宽度150像素以内，高度不限	左侧模块（收藏模块）	宽度190像素以内，高度不限
旺旺图标	16像素×16像素	右侧模块	宽度750像素以内，高度不限

　　淘宝和天猫除了对网店装修中使用的图片有一定的要求外,对于视频也有要求。视频的基础统一要求如下：
❶ 画面尺寸要求 720p,比例为 16∶9（横版）,后期可支持 9∶16（竖版）和 1∶1（方形）；
❷ 画质高清,如 MP4 格式的平均码率要大于 0.56 Mbps；
❸ 视频大小小于 120 MB；
❹ 视频格式要求 MP4、MOV、FLV、F4V、AVI 及其他主流视频格式；
❺ 视频只能带同名角标,不能出现任何站外链接和二维码；
❻ 镜头不虚不晃,构图有审美,包装精致,剪辑有想法,风格、类型不限,拒绝纯电视购物等广告类型；
❼ 有趣、有新意,能在短时间内达到吸引力。
　　在不同渠道中应用的视频,其大小、播放时间等方面的要求则有一定差别,具体见下表。

渠道名称	店铺要求	视频时长	视频要求	视频分类	其他要求
有好货	DSR 4.6分以上	9~30秒	商品上架比例大于100%，商品数量1个	商品单品视频	商品符合本渠道商品调性：❶ 小众品牌；❷ 设计品味；❸ 创意创新；❹ 特殊款式；❺ 海外商品；❻ 客单价高
必买清单	无	3分钟以内	商品上架比例大于50%，商品数量3~6个	只限视频	❶ 高端：奢侈品牌、轻奢品牌 ❷ 中端：性价比高，或小众设计师、海外品牌 以教程、评测类为重点
爱逛街	DSR 4.7分以上，店铺信用1钻以上	1~3分钟以内	商品上架比例大于50%，商品数量不限	教程、评测、百科、仅限女性人群	过滤爆款 ❶ 女装：海外品牌、小众、设计师风格单品 ❷ 美妆：国际线品牌及国际线开架品牌 ❸ 生活：不限，如美食类的各种教程、评测
每日好店	无	3分钟以内	商品上架比例大于50%，商品数量2~6个	剧情、达人故事	与店铺故事、达人故事相关
淘部落	无	3分钟以内	商品上架比例大于50%，商品数量不限	不限	根据人群标签做匹配后投放
猜你喜欢-全部	无	3分钟以内	商品上架比例大于100%，商品数量1个	不限	商家头图视频比例16:9和1:1均可，商品与视频关系为1:1 达人视频要求与淘宝短视频基础要求一致
猜你喜欢-视频	无	3分钟以内	商品上架比例大于50%，商品数量不限	不限	过滤敏感词
淘宝头条	DSR 4.6分以上	10分钟以内	商品上架比例大于50%，商品数量2~6个	资讯、评测、知识、百科、科学、盘点、剧情、创意广告、脱口秀	优先级如下：❶ 护肤彩妆、数码、美食（不仅是食谱教学，与吃有关的内容亦可）、搞笑幽默（萌宠、宝宝、脱口秀等）、居家生活 ❷ 亲子、汽车、影视、淘系业务相关内容 ❸ 文艺、个性领域（手作、旅行、运动、星座、二次元、摄影、游戏等）

注：❶ 主图视频：9秒到10分钟不等；
❷ 无线视频：单个视频，大小上限为30 MB，时长上限为3分钟；
❸ 达人渠道短视频：单个视频，大小上限为120 MB，时长分渠道不同，9秒到10分钟不等。

02 京东

京东是目前较大的一个综合性电商平台，成立之初以自营商品销售为主，后期也开放了第三方网店入驻。与淘宝、天猫不同，京东为每一个店铺标配了店铺首页、商品列表页、店铺简介页和店内搜素结果页4个页面布局，入驻的第三方卖家可以在这些布局的基础上分别进行装修设计。京东对网店装修中使用的图片和视频的要求总体上与淘宝和天猫相似，下表简单列出了京东对图片和视频的设计要求。

图片规范			
图片应用	尺寸要求（宽度×高度）	图片应用	尺寸要求（宽度×高度）
主图	800像素×800像素（纯白色背景）	商品推荐	160像素×160像素
店招（普通）	990（1290）像素×150像素	商品细节描述	宽度750像素以内，高度不限
导航（普通）	990（1290）像素×40像素	海报	宽度781像素，高度不限
首页横幅（banner）	宽度980像素，高度不限（980像素×250像素）	店内广告	210像素×300像素
店铺徽标（logo）	180像素×60像素		
视频规范			
视频尺寸	主图：500像素×500像素 详情图：宽度750像素，高度不限	视频时长	不超过20秒
视频大小	30 MB以内	视频格式	MP4及其他主流视频格式
背景要求	建议纯白背景，或者相应的使用场景；尽可能避免出现其他物品及景观，禁止其他无关人物出现在视频中		

除了上面介绍的淘宝、天猫、京东这几个常见的电商平台外，还有当当网、亚马逊等其他电商平台，它们的店铺装修规范大同小异，这里就不一一介绍了。

1.4 网店装修中常用的文件类型与软件

做好网店装修的准备后，就需要用软件完成图片、网页、视频的设计与制作，因而必然要接触到一些特定类型的文件，包括图片、视频、音频、网页等类型的文件，以及特定功能的软件，如图形图像处理软件、视频编辑软件等。

1.4.1 网店装修常用的文件类型

在网店装修的过程中，会接触到各种格式和类型的文件，有的是用于平面设计的，有的是用于编写代码的，有的是电商平台要求的文件格式，它们都有不同的作用和特点。本小节将对常用的几种文件类型进行介绍。

01 PSD格式的文件

PSD文件格式是Adobe公司的图像处理软件Photoshop的专用格式，PSD是"Photoshop Document"的缩写。PSD格式文件可以存储Photoshop中所有的图层、蒙版、通道、路径、文字、参考线和颜色模式等信息，因而占用的存储空间较大，但修改起来很方便。使用Photoshop进行网店装修设计时，一般都会将设计文件保存为PSD格式，以便随时打开继续进行设计工作，设计完成后再利用Photoshop的"存储为"或"导出"功能输出为电商平台要求的图片格式文件。

PSD格式的文件不能像其他常见的图像格式文件一样直接在Windows中打开，而是需要安装Photoshop后才能打开。如右图所示，启动Photoshop之后，执行"文件>打开"菜单命令，打开一个PSD格式的设计文件，可以看到文件中包含的图层、路径、文字等原始信息，用户可以很方便地进行编辑和修改。

02 JPG格式的图片

JPG格式是一种与平台无关的图片格式,它利用有损压缩算法,以牺牲一部分图像质量为代价来减小文件大小,以便于图片的网络传输。JPG格式的压缩方案可以很好地处理写实类的作品,但是,对于颜色较少、对比级别强烈、实心边框或纯色区域大的较简单的图像,JPG格式无法提供理想的效果,有时会严重损失图片完整性,这是因为JPG压缩方案虽然可以很好地压缩类似的色调,但是不能很好地处理亮度差异十分明显的区域或纯色区域。

JPG格式提供多个压缩比,用户可较灵活地在图像质量和文件大小之间取得平衡,而且它广泛支持Internet标准。在电商平台中,很多装修图片都要求为固定大小的JPG图片,如下图所示为JPG格式图片的图标和网店装修中存储的JPG文件。

女包详情页面设计.jpg

女装店铺首页装修设计.jpg

清爽风格的宝贝搭配区域设计.jpg

裙装详情页面设计.jpg

饰品店铺首页装修设计.jpg

03 PNG格式的图片

PNG是一种专为网络图片传输开发的图片文件格式,它与JPG格式一样,都是与平台无关的图片格式。PNG格式的图片支持高级别无损压缩、24位和48位真彩色图像、Alpha通道透明度、伽马校正、交错。目前的主流网页浏览器均支持PNG图片。如右图所示为在"Windows照片查看器"中打开PNG格式图片的效果。

客服区设计.png

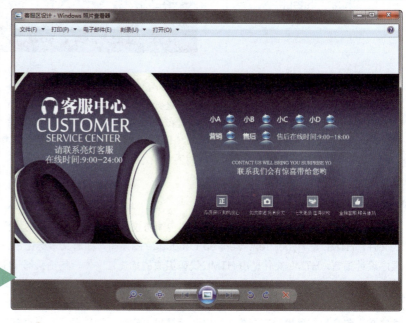

04 GIF格式的图片

　　GIF 的英文全称为 Graphics Interchange Format，原意是"图像互换格式"，是一种基于 LZW 算法的连续色调的图像压缩格式，也是网络中使用较为广泛的一种图像格式。GIF 格式支持透明背景，但最多只能存储 256 色的 RGB 颜色级数。它最大的特色是支持在一个文件中存储多幅彩色图像，如果把存储于一个 GIF 文件中的多幅图像数据逐幅读出并显示到屏幕上，就可构成最简单的动画，也就是网络上所说的"闪图"。如下图所示为 GIF 格式的文件图标和正在 Photoshop 中编辑的一个动画 GIF。

专家提点

　　在 Photoshop 中可以对图片的文件格式进行相互转换，既可将 GIF 文件中的某一帧图像转换为 JPG 图片，也可以将 JPG 图片转换为 PNG 图片。只需在 Photoshop 中将需要转换的图片打开，执行"文件＞存储为"菜单命令，在打开的"另存为"对话框中的"保存类型"下拉列表中选择需要转换为的格式，接着单击"保存"按钮，即可将打开的图片转换为所选择的文件格式，操作非常简单。

05 HTML格式的文件

　　从本质上来说，互联网是一个由一系列传输协议和各类文档所组成的集合，其中的一种文档就是 HTML 格式文件。HTML 是 Hyper Text Mark-up Language 的缩写，即超文本标记语言，是目前网络上应用最为广泛的程序设计语言。HTML 文件是由 HTML 代码组成的描述性文本，包括头部（Head）和主体（Body）两大部分，其中头部描述浏览器所需的信息，主体则包含要呈现的具体内容，包括文字、表格、图形、动画、声音、链接等。

　　HTML 文件存储在分布于世界各地的服务器上，用户可以在网页浏览器中通过传输协议远程获取这些文件，并将其中包含的信息显示在屏幕上。打开计算机上安装的浏览器，在浏览器的地址栏内输入网址，打开相应的网页后，在浏览器中执行"查看>查看源代码"菜单命令，此时屏幕上就会弹出一个新的窗口，其中显示的文字就是 HTML 代码，如下图所示。

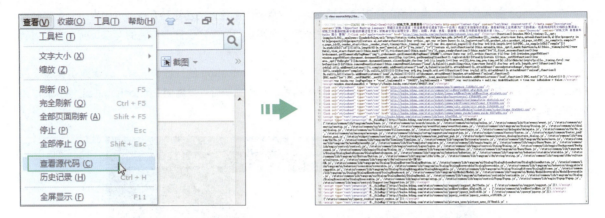

在网店装修过程中，有时为了让页面设计更有个性，或者需要为页面添加链接，就要用到 HTML 代码，大部分情况下会使用专业的网页编辑软件 Dreamweaver 来对代码进行编辑，如下图所示。

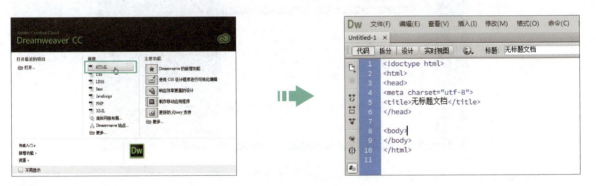

06 制作视频时涉及的文件

制作网店视频时会涉及的文件有视频和音频两类。视频类文件包括前期准备时拍摄的素材视频和要上传到电商平台的成品视频，其格式通常为 AVI、MOV、MP4 等主流的视频格式，大多数视频编辑软件和电商平台都是支持的。

一个完整的网店视频，仅有画面是不够的，还需要有配乐和配音，在制作时就需要将各类音频文件与视频文件合成在一起。配乐可以使用现成的乐曲、歌曲、音效等音频素材，而配音可能还需要由专业人士使用专业的录音设备进行录制，才能收到较好的效果。常见的音频格式有 WAV、MP3、WMA、OGG、AAC 等，大多数视频编辑软件也是支持的。

1.4.2　网店装修设计利器——Photoshop

　　Photoshop 是 Adobe 公司推出的图形图像处理软件，它具有丰富强大的功能和直观友好的界面，能较轻松地完成商品照片的调修、润色、抠图和特效制作，并添加各种图案和文字，设计出美观的网店页面。本书以较新的 Photoshop CC 为软件环境进行讲解。

　　安装好 Photoshop 后，在 Windows 开始菜单中找到并单击 Photoshop 的快捷键方式，或者双击桌面上的 Photoshop 快捷方式图标，都可以启动 Photoshop 应用程序，启动完毕后可以看到 Photoshop 的工作界面，如下图所示。

　　Photoshop 的工作界面主要包含菜单栏、工具箱、工具选项栏、面板和图像窗口几个部分。菜单栏包含 11 组菜单，单击各个菜单标签可打开其子菜单；工具箱是所有工具的集合，单击工具图标即选中相应的工具，用于在图像窗口中进行图像编辑；选中某个工具后，工具选项栏中会显示出该工具的相关选项，调整各选项的设置可改变工具的编辑效果；面板分类汇集了编辑图像时的选项和功能，默认显示在工作界面右侧，可将其拖动至任意位置；图像窗口用于对图像进行编辑、绘制等操作，用户在 Photoshop 中对图像执行的所有操作的效果都会直接反映在图像窗口中，图像窗口底部的状态栏还会显示当前图像的文件大小、显示比例等信息。

> 💡 **专家提点**
>
> 　　在 Photoshop 所有面板的右上角都含有扩展按钮，单击该按钮即可打开相应的面板扩展菜单，不同的面板拥有不同的扩展菜单，单击选择菜单中的选项，可快速进行编辑和设置。

1.4.3 网店视频制作利器——会声会影

在网店装修中,除了平面图像的处理外,还会涉及视频的编辑与制作。目前市面上有很多视频编辑软件,会声会影(该软件英文名称为 Corel VideoStudio,本书使用的软件版本为 VideoStudio Pro X10,为方便叙述,在讲解时使用其中文名称"会声会影")便是其中之一。会声会影由 Corel 公司推出,具有可视化的工作界面和丰富的特效功能,操作简单,上手容易,因而被广大非专业人员应用于各种风格的网店短视频的制作。接下来简单认识一下会声会影的软件界面及基础功能。

安装好会声会影后,在 Windows 开始菜单中找到并单击其快捷方式,或者双击桌面上的快捷方式图标,都可以启动会声会影应用程序,启动完成后可以看到它的工作界面,如下图所示。

会声会影的工作界面主要包含以下组成部分:标题栏和控制按钮,作用与其他标准 Windows 程序相同;菜单栏,包含 5 组菜单,单击菜单标签可打开相应的子菜单;步骤标签,包含视频制作中的捕获、编辑和共享 3 大步骤;预览窗口,用于预览视频文件的编辑效果;导览面板,用于控制视频文件的播放/暂停、快速跳转、音量等;素材库,显示当前视频项目的素材及软件自带的模板、转场效果、字幕效果、纯色背景、滤镜等;工具栏,包含编辑视频时常用的按钮,单击按钮即可选择相应的工具进行视频编辑;时间轴,用于显示当前视频项目中的所有画面素材、背景音乐、字幕和转场效果在时间上的先后顺序;"选项"按钮,单击后可展开选项面板,在时间轴中选择不同的内容,在面板中会显示不同的编辑选项和功能。

> 💡 **专家提点**
>
> 在会声会影中对工作界面进行调整后,执行"设置>布局设置>切换到>默认"菜单命令,或者按快捷键 F7,可以将工作界面恢复到初始默认状态。

1.5 网店装修中需要注意的问题

在网店装修的设计和维护的具体过程中,还需要注意一些较为重要的细节。这些细节会大大影响顾客在浏览网店时的体验,如果处理不好,很容易导致客流量丢失,让成交率无法提高。

1.5.1 图片忌过多过大

在有些网店的首页中,店招、公告及商品分类等全部使用图片,而且这些图片非常大。虽然大量使用图片通常能让店铺的装修效果更加美观,但是却会使顾客浏览的速度变得非常慢,店铺首页的促销信息或重要公告等了很久都显示不出来,甚至显示失败,如下图所示,这样的情况会让浏览店铺的顾客失去等待的耐心。

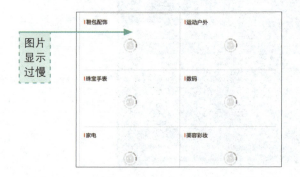
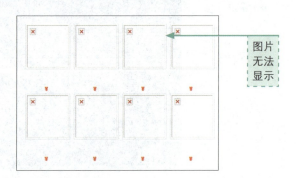

因此,装修店铺时要注意把握好页面中图片和文本的比例,在装修效果和显示速度之间进行适当权衡,有些地方使用文本也不大影响视觉效果的就使用文本,其他使用图片的地方要做好文件大小的优化,使用外链图片的要时时关注链接的有效性,最好是把图片都放在电商平台提供的图片空间中,以保障顾客的浏览体验。

1.5.2 动画和特效忌过多

有些网店装修喜欢大量使用 GIF "闪图"、Flash 动画或网页脚本特效(如浮动广告)等,将页面布置得"闪闪发光",能动的地方都动起来。这样的页面看起来热闹非凡,极抓眼球,其实达到的效果却适得其反,主要原因有三个方面:首先,动画的文件体积通常较大,会让店铺页面的下载时间变长,导致顾客失去耐心;其次,动画和特效的播放会占用较多的系统资源,如果顾客的计算机硬件配置不高,在浏览店铺页面时就会感到卡顿;最后,过多的动画和特效初看很新鲜,却很容易让顾客感到视觉疲劳,而且喧宾夺主,突出不了重点。

因此，在网店装修中要时刻记住的一点是，网店装修是为了卖商品而不是秀店铺，千万不能让装修抢了商品的风头。动画和特效不能滥用，而要起到"锦上添花"的效果。

1.5.3 页面设计忌复杂

网店的页面切忌繁杂，不要设计得和门户类网站一样，内容堆得满满当当。虽然把店铺做成大网站的样子看上去比较有气势，使人感觉店铺很有实力，但却影响了顾客的使用，顾客要在这么繁杂的一个页面里找到自己想要的商品，很容易就会眼花缭乱。不是所有可装修的地方都要装修或必须装修，个别地方不装修反而效果更好。要让顾客进入店铺后能较顺利地找到要购买的商品，能够在最短的时间内看清商品详情。

1.5.4 设计风格忌不统一

网店装修除了色彩要协调外，整体风格也要协调统一，在设计一个店铺中的各个页面、一个页面中的各个模块时要从整体考虑，千万不能这个设计为卡通风格，那个设计为硬朗风格，风格不搭是网店装修设计的大忌。

如下图所示为某民族风饰品网店首页的部分区域截图，可以看到这些区域的设计都具有古典韵味，不论是修饰元素、文字外观，还是色彩搭配，都表现出统一的、与所销售商品的气质相吻合的视觉风格。

1.5.5 视频忌过长

随着移动互联网的飞速发展和上网资费的降低，各大电商平台纷纷开始支持视频功能。许多网店都选择用动态的视频取代静态的图片来作为商品主图，或者在商品详情页中插入视频广告，以吸引顾客购物，提高商品的转化率。卖家为了在激烈的竞争中突出重围，的确有必要紧跟这一股视频热潮，但也不能操之过急。

据淘宝官方数据统计，仅有 50% 的顾客会在商品详情页停留超过 30 秒，80% 的顾客浏览不到 8 屏，而 1～5 屏的转化率为 16.8%。因此，想要提高商品的转化率，就要在短时间内将有效信息传递给顾客。一张静态的商品主图通常两三眼就能看完，而一段短视频却要花上好几秒才能看完。所以，尽管各电商平台规定的视频时长上限都并不短，卖家在实际制作时仍然要控制好时间，通过精心的编排，在极短的时间内让顾客了解商品并促使他们做出购买决定。

第2章 必备绝技——网店装修五大技能

　　在网店装修的准备阶段拍摄得到的商品照片通常不能直接使用，因为拍摄环境和器材及摄影水平等的限制，难免出现照片构图或曝光不佳、存在瑕疵或色差等问题，此时就需要使用具有强大图像处理功能的Photoshop，对照片的尺寸、构图、瑕疵、色差、影调等进行编辑和修整。完成这些基本的调修工作，得到一张合格的商品照片后，还要继续根据设计需要进行抠图、添加文字等设计工作。本章就来学习网店装修必备的五大基础技能——裁图、修图、调色、抠图、文字。

本章重点

- 裁图——裁剪照片纠正角度
- 修图——构建完美细节
- 调色——校正色差美化图片
- 抠图——精确选取替换背景
- 文字——辅助商品信息的表现

2.1 裁图——裁剪照片纠正角度

商品照片处理的第一步是对照片的尺寸、构图和畸变进行调整，让照片的文件大小、视觉中心和外形状态符合网店装修的需要。Photoshop 提供了多种工具和命令来对照片进行裁剪或角度纠正。接下来讲解如何快速重设图片大小、裁剪照片改变构图及校正倾斜、变形的照片。

2.1.1 重设图片的大小

网店平台通常对装修照片的大小有一定限制，这也是为了让图片能够在网络上快速地传输和显示，因此，在拿到拍摄的商品照片素材之后，大多数情况下都会先对照片的大小进行重新设置，使其符合网店装修设计的需要，也让照片在 Photoshop 或其他软件中的编辑速度得以提升。

Photoshop 中的"图像大小"命令可以调整图像的尺寸。在 Photoshop 中打开一张照片，执行"文件＞图像大小"菜单命令，即可打开"图像大小"对话框，在其中可以设置图像的宽度、高度和分辨率，将分辨率从原来的 300 像素/英寸调整到 72 像素/英寸，单击"确定"按钮，照片的大小发生了明显改变，如下图所示。

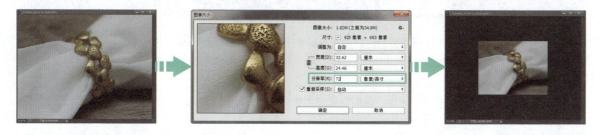

> **专家提点**
>
> 在"图像大小"对话框中进行设置时，一定要注意将"宽度"和"高度"进行约束，即确认图标 处于按下状态。如果没有约束这两个选项，那么在修改其中一个选项的数值后，另一个选项的数值将不会按照原始照片的宽高比同步缩放，照片的内容极有可能产生变形。

通过"图像大小"对话框还可以了解到照片的更多信息，如照片的像素比例、尺寸、分辨率等，并且通过单击"尺寸"选项右侧的下拉按钮，在打开的菜单中可以选择所需的尺寸单位，以便按照设计需要更准确地调整照片大小，如左图所示。

2.1.2　裁去多余图像改变构图

　　摄影师在拍摄商品照片时，为了将商品全部囊括到画面中，可能会忽略照片的构图，或者将不需要的对象纳入画面，此时可以使用 Photoshop 中的"裁剪工具"或"裁剪"命令来快速裁剪掉照片中多余的图像，达到重新定义照片构图的目的。

　　打开一张需要裁剪的商品照片，单击工具箱中的"裁剪工具"，在图像窗口中可以看到照片周围自动添加了一个裁剪框，使用鼠标单击并拖动裁剪框的边线，就可以调整裁剪框的大小。这里通过调整裁剪框，将圆形镜子的图像置于裁剪框的中心，完成裁剪框的调整后，按下 Enter 键确认裁剪，可以在图像窗口中看到裁剪后画面中只包含了镜子这一件商品，如下图所示。

　　在用"裁剪工具"对照片进行裁剪的过程中，可以使用多种方法对裁剪的编辑进行确认：一种是按下键盘上的 Enter 键，一种是选择"裁剪工具"以外的其他工具，还有一种是单击"裁剪工具"选项栏中的"提交当前裁剪操作"按钮。

　　除了"裁剪工具"外，还可以使用"裁剪"命令来进行照片的裁剪。使用"裁剪"命令进行裁剪操作之前，需要使用选区工具创建选区，Photoshop 会根据选区来定义裁剪的内容。选择工具箱中的"矩形选框工具"，在镜子图像上拖动鼠标创建选区，将其框选出来，接着执行"图像>裁剪"命令，就可以将选区之外的内容删除，如下图所示。

2.1.3 校正变形的商品

拍摄商品照片时,拍摄的角度有可能造成照片中的商品外形出现畸形,这会影响顾客对于商品外形的判断和理解,此时就需要对商品的外形进行校正。在 Photoshop 中能够轻松地解决这个问题,使用"透视裁剪工具"可以校正商品外形的透视角度,还可以在裁剪图像的同时变换图像的透视,帮助用户更加准确地校正商品照片的透视效果,让照片中的商品恢复正常的透视视觉。

打开一张由于俯拍造成的包装袋畸变的商品照片,单击工具箱中的"透视裁剪工具" ,在图像窗口中单击并拖动创建透视裁剪框,然后调整透视裁剪框的形状,使包装袋的垂直线与裁剪框的边线平行,完成透视裁剪框的编辑后按下 Enter 键即可。具体操作和效果如下图所示。

使用"透视裁剪工具"在图像上创建透视裁剪框后,鼠标指针在裁剪框的调整线位置显示为空心三角形状态时,可以拖动调整图像的透视角度,当显示为双箭头状态时,可以拖动调整裁剪框的形状、角度和大小。

"透视裁剪工具"能够在裁剪时变换图像的透视。对于不是以平直视角拍摄的商品照片,商品图像的外形经常会发生透视扭曲。例如,如果以 90°以下的角度拍摄商品,则会使照片中商品的底部比顶部看起来更宽一些,近似梯形,此时可以使用"透视裁剪工具"进行快速校正。

如右图所示的衬衫照片,由于相机俯拍的角度与衬衫太过接近,导致衬衫外观形成了梯形效果,使得领子细节展示效果不佳。在后期处理中使用"透视裁剪工具"对照片进行校正,可以看到校正后衬衫的透视角度趋于正常。

2.2 修图——构建完美细节

完成商品照片的裁剪和重新构图之后,为了让商品照片的整体效果更加精美,还要通过修图这个环节来清除照片中的水印、瑕疵,如果是衣帽、饰品等会出现模特的商品照片,还要对模特进行美化处理,最后通过锐化来突出细节,才能获得基本满意的画面效果。本节就对商品照片的修图进行讲解。

2.2.1 去除水印

在拍摄商品照片时,可能会因为相机的设置问题让商品照片中显示出拍摄日期,或者某些借用的图片上有表明版权的标志或文字。这些原本不应该出现在照片中、并且影响商品表现的元素,都可以称为水印。照片中包含水印,会大大降低商品的表现力,并给顾客留下店铺不够专业的印象,甚至产生盗图的误解,从而影响商品的销售。下面介绍三种去除水印的方法。

01 用"仿制图章工具"去除水印

使用"仿制图章工具"去除水印是比较常用的方法,具体的操作是:选取"仿制图章工具" ,按住 Alt 键,在无水印区域单击相似的色彩或图案进行采样,然后在水印区域拖动鼠标仿制出采样图像以覆盖水印,如下图所示。值得注意的是,采样点即为仿制的起始点,笔刷的直径会影响仿制的范围,而笔刷的硬度会影响仿制区域的边缘融合效果。

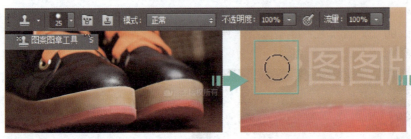

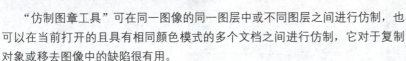
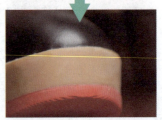

"仿制图章工具"可在同一图像的同一图层中或不同图层之间进行仿制,也可以在当前打开的且具有相同颜色模式的多个文档之间进行仿制,它对于复制对象或移去图像中的缺陷很有用。

"仿制图章工具"选项栏中的"流量"和"不透明度"选项用于控制该工具仿制图像的显示程度,这两个参数设置得越大,仿制出的图像就越明显;设置得越小,仿制出的图像就越接近透明效果。

02 用"修补工具"去除水印

如果商品图片的背景色彩或图案比较一致,使用"修补工具"就比较方便。先选择"修补工具" ,在工具选项栏中选择修补项为"源",取消勾选"透明"复选框,然后用"修补工具"框选水印文字,拖动到无文字区域中色彩或图案相似的位置,松开鼠标完成操作,如下图所示。"修补工具"具有自动匹配颜色的功能,复制的效果与周围的色彩较为融合,这是"仿制图章工具"所不具备的。

"修补工具"会将样本像素的纹理、光照和阴影与源像素进行匹配,实际操作时要有耐心,如果待修补区域较大,可将其分解成一个个较小的区域分别进行选择和修补,以获得最佳修补效果。

03 用"修复画笔工具"去除水印

"修复画笔工具" 的操作方法与"仿制图章工具"相似,按住 Alt 键,在无水印区域单击相似的色彩或图案进行采样,然后在水印区域拖动鼠标复制出采样图像以覆盖水印,如下图所示。而且"修复画笔工具"与"修补工具"一样,也具有自动匹配颜色的功能,可根据需要选用。

专家提点

如果要修复的区域边缘有强烈的对比度,则在使用"修复画笔工具"之前先建立一个选区,选区应该比要修复的区域大,而且会精确地遵从对比像素的边界,当使用"修复画笔工具"绘画时,该选区将防止颜色从外部渗入。

2.2.2 局部擦除多余内容

在网店装修的过程中，有时不需要商品广告中的某些内容，或者想使商品照片的背景更加纯粹，可以使用局部擦除的方法来将多余的内容清除，主要使用的工具是"画笔工具"。

打开一张已经设计完成的运动鞋广告图片，想要将其中的广告语、价格等信息删除，首先选中工具箱中的"画笔工具"，在文字的下方按住 Alt 键，单击鼠标取样颜色作为前景色，再使用"画笔工具"在文字上涂抹，用提取的前景色将文字覆盖。重复上述操作，直到把画面中多余的图像全部覆盖，只保留商品的形象，如下图所示。

使用这样的方式局部擦除多余的内容，适用于画面中的背景颜色不太复杂的情况。并且有时为了让色彩覆盖的效果自然、完美，还需要在"画笔工具"的选项栏中对"不透明度"和"流量"选项进行一定的设置。

如右图所示，通过使用上述方法在一张女鞋照片的背景上涂抹，可以将背景中多余的图像覆盖掉，让背景变成纯净的单色效果，避免对商品的表现造成不良影响，让商品显得更加精美和突出。

2.2.3　模特妆面美容

在拍摄饰品、帽子和服装等商品的照片时，往往会采用模特穿戴商品的方式进行展示，大部分情况下模特的面部会出现在画面中。如果模特的妆面存在瑕疵，就会影响商品的表现，此时就有必要对模特进行"妆面美容"，包括祛痘、磨皮、加深妆容色彩等。

01　祛痘

"污点修复画笔工具"可以快速移去照片中的污点和其他不理想部分，它使用图像或图案中的样本像素进行绘画，并将样本像素的纹理、光照、透明度和阴影与要修复的像素相匹配。该工具不要求指定样本点，它会自动从要修饰区域的周围取样。使用"污点修复画笔工具"对小面积的瑕疵进行修复，效果非常理想，而且效率很高。

打开一张女装商品照片，将图像放大显示后可以看到模特的面部有细小的痘印，为了让模特的妆面更加完美，选中工具箱中的"污点修复画笔工具" ，直接用该工具在痘印位置涂抹，松开鼠标后 Photoshop 会自动对其进行清除。完成修复后，可以看到模特的皮肤更加平滑，如下图所示。

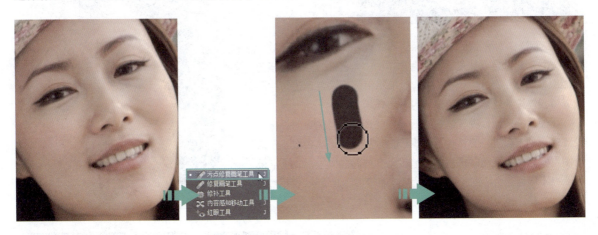

02　磨皮

一些需要拍摄近距离特写的商品照片，如佩戴首饰、帽子等模特的照片，模特的面部皮肤会展露无遗，任何瑕疵都会表现出来，如果仅使用"污点修复画笔工具"进行处理，难以获得理想的效果。此时需要进行磨皮处理，才能让模特的皮肤显得均匀和光滑。

打开一张佩戴墨镜的模特照片，照片主要表现的是墨镜，但是模特的面部皮肤状况不佳，削弱了画面的整体质感，降低了商品的档次，接下来通过磨皮处理进行修复。首先对"背景"图层进行复制，对复制得到的"图层 1"执行"滤镜>模糊>表面模糊"菜单命令，在打开的"表面模糊"对话框中设置完参数后单击"确定"按钮。接着为"图层1"添加黑色的图层蒙版，再使用白色的"画笔工具"编辑蒙版，即在模特的面部皮肤位置涂抹，使磨皮效果只作用于面部皮肤。完成后可看到模特的面部皮肤更平滑，肤色更均匀，具体过程如下图所示。

"表面模糊"滤镜在保留边缘的同时模糊图像，用于创建特殊效果并消除杂色或粒度。其对话框中的"半径"选项用于指定模糊取样区域的大小，"阈值"选项控制相邻像素色调值与中心像素值相差多大时才能成为模糊的一部分。

在使用"表面模糊"滤镜进行磨皮处理时，可先在对话框中设置较小的参数进行尝试，再根据预览效果逐渐调大参数。在编辑图层蒙版时，要随时调整"画笔工具"的笔触大小，以更准确地涂抹不同面积大小的皮肤。除了"表面模糊"滤镜外，使用"高斯模糊"滤镜也可实现同样的磨皮效果。

03 加深妆容色彩

如需让模特的妆容更艳丽，可使用"色相/饱和度"调整图层。单击"调整"面板中的"色相/饱和度"按钮创建调整图层，在"属性"面板中调整参数，再编辑调整图层自带的图层蒙版，针对模特的唇部、眼影、腮红位置的妆色进行加深，让模特和饰品的表现都更出彩，如右图所示。

2.2.4 模特身形调整

对于服装类商品照片来说,通过模特穿着商品进行展示能够让顾客产生代入感,对于商品销售可起到很好的促进作用。但是有时因为模特自身条件、拍摄角度等的原因,会导致展示效果不够理想,这时就需要对模特的身形进行调修,最常进行的就是瘦身处理。在 Photoshop 中对模特进行瘦身处理有两种方法:一种是使用"液化"滤镜,另一种是使用"变形"命令。

01 用"液化"滤镜瘦身

"液化"滤镜可用于推拉、旋转、反射、折叠和膨胀图像的任意区域,产生的变形可以是细微的,也可以是剧烈的,这就使其成为了修饰图像和创建艺术效果的强大工具,也成为了调整模特身形的利器。

打开一张需要做瘦身处理的服装模特照片,执行"滤镜＞液化"菜单命令,打开"液化"对话框。在对话框左侧的工具箱中选择"冻结蒙版工具",在不需变形的位置涂抹,可看到涂抹的位置显示为红色,如下左图所示。再选择"向前变形工具",通过单击并拖动鼠标的方式调整腰部、臀部等部位的线条,如下右图所示。

完成模特身形的编辑后单击"确定"按钮应用"液化"滤镜,在图像窗口中可以看到模特的身形呈现出更加优美的 S 形曲线,如左图所示。

> **专家提点**
>
> 在"液化"对话框中调整身形时,如果对编辑效果不满意,可以按下快捷键 Ctrl+Alt+Z,撤销上一步的操作。

02 用"变形"命令瘦身

"变形"命令能对选取的图像进行自由变形,从而达到瘦身的目的。它的操作比"液化"命令更复杂一些,但是由于它是以九宫格的方式对图像进行变形的,因此变形的效果会更加自然,不会出现"液化"滤镜中由于画笔大小调整不当而使得身材显得不平滑的情况。下面就通过具体操作讲解使用"变形"命令进行瘦身的方法。

选择工具箱中的"多边形套索工具" ,将需要调整身形的图像区域框选出来,添加到选区中。接着按下快捷键 Ctrl+J,复制选区中的图像,得到"图层 1"图层。选中"图层 1"图层,按下快捷键 Ctrl+T,在该图层中的图像周围会出现自由变换框。在自由变换框中右击,在弹出的菜单中选择"变形"菜单命令,接着自由变换框将呈网格效果,用鼠标拖动网格中的网格线,即可对图像进行自由的变形处理。这里通过拖动网格线使模特的身形向内凹陷,进行收腹处理,得到满意的效果后按下键盘上的 Enter 键,确认变形并关闭自由变换框。最后为"图层 1"添加图层蒙版,使用"画笔工具"编辑图层蒙版,让变形后的图像与背景中的模特图像自然地融合在一起。上述操作过程如下图所示。

使用"变形"命令时,要变换形状,拖动控制点、外框、网格的一段或网格内的某个区域。在调整曲线时,可使用控制点手柄,其类似于矢量图形曲线线段中的手柄。

在使用"变形"命令对模特进行瘦身处理时要注意一个问题:由于是对位图图像进行变形,所以不能过度地拉伸图像,因为"变形"命令是针对像素进行调整的,过度的拉伸会让图像变得模糊。用"变形"命令进行瘦身是一个较为细致的操作,一定要有耐心,要细微地调整自由变换框,操作幅度不能过大,否则会让图像失真。

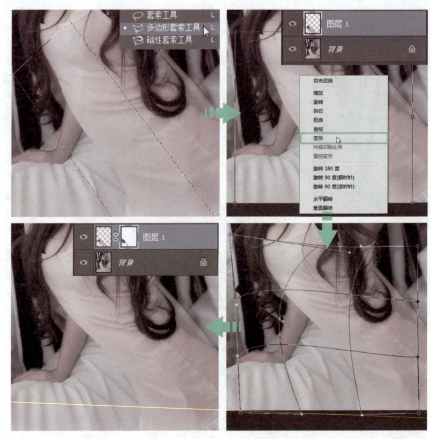

2.2.5 锐化图像使商品更清晰

在网店装修中，商品图像的清晰度是最基本也是最重要的一个问题。如果图像不清晰，顾客就无法了解商品的细节，特别是需要对商品进行局部展示时，图像的清晰度直接关系到展示的效果。

为了让商品的细节更加清晰，需要在 Photoshop 中对商品照片或装修设计后的图片进行锐化处理，主要方式有三种：第一种是使用"USM 锐化"滤镜进行快速锐化，第二种是使用"高反差保留"滤镜进行无杂色锐化，第三种是使用"锐化工具"进行局部锐化。

01 用"USM锐化"滤镜进行快速锐化

"USM 锐化"滤镜将调整图像边缘细节的对比度，并在边缘的每侧生成一条亮线和一条暗线，此过程将使边缘突出，造成图像更加锐化的错觉。

如下图所示，打开一张相机的商品照片，执行"滤镜＞锐化＞ USM 锐化"菜单命令，打开"USM 锐化"对话框，适当调整参数后单击"确定"按钮。可以看到，锐化前的相机细节较为模糊，而锐化后的相机细节显得更加锐利，且突显了相机表面的材质，提升了商品图像的品质，让顾客能够更加准确地了解到商品的外观和材质。

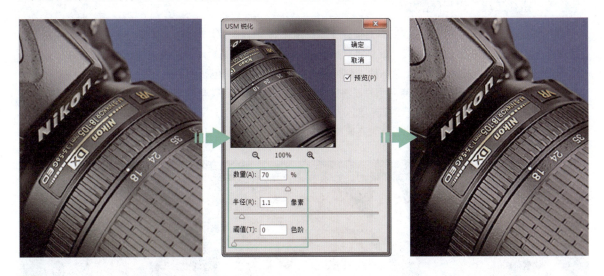

02 用"高反差保留"滤镜进行无杂色锐化

"高反差保留"滤镜在有强烈颜色转变发生的地方按指定的半径保留边缘细节，并且不显示图像的其余部分。对商品照片应用"高反差保留"滤镜，并结合"图层"面板中的"叠加"或"柔光"混合模式，就能对商品图像的细节进行无杂色锐化，避免由于锐化过度而产生影响画质的多余杂色。

如下图所示，打开一张戒指的商品照片，复制需要锐化的图层，对复制的图层执行"滤镜＞其他＞高反差保留"

菜单命令，打开"高反差保留"对话框，适当调整参数后单击"确定"按钮，接着在"图层"面板中调整图层混合模式为"叠加"，在图像窗口中可以看到编辑后的戒指细节显得更加精细，如下图所示。

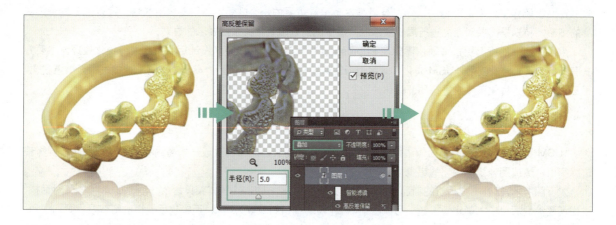

03 用"锐化工具"进行局部锐化

"USM 锐化"滤镜和"高反差保留"滤镜对于整个图像的锐化操作较为实用，但是如果只需要对图像中的局部进行锐化处理，使用"锐化工具"就显得更加便捷。"锐化工具"通过增加图像边缘的对比度以增强外观上的锐化程度，用此工具在某个区域上涂抹的次数越多，锐化的效果就越明显。

如下图所示，打开一张鞋子的商品照片，将照片放大显示，可看到鞋带的清晰度不够，而皮面等其他部分的清晰度已能满足设计需要，因此只对鞋带部分进行锐化处理即可。在工具箱中选择"锐化工具"▲，并在其选项栏中适当设置参数，使用"锐化工具"在鞋带图像上涂抹，涂抹后可以看到鞋带图像变得清晰。

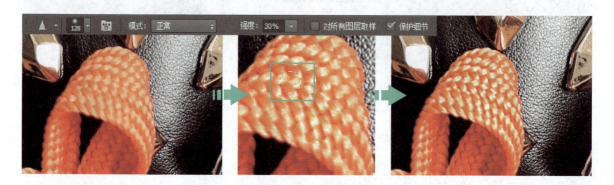

> **专家提点**
>
> 在"锐化工具"的选项栏中勾选"保护细节"复选框可以增强细节，并将因像素化而产生的不自然感降至最小。如果要产生更夸张的锐化效果，可以取消勾选此复选框。

2.3 调色——校正色差美化图片

在拍摄商品照片时，可能会因为环境光线不理想、相机的曝光或白平衡等参数设置不当等因素，造成拍出的商品照片影调不理想或存在偏色的情况，此时就需要进行照片后期调色处理。调色不仅指照片颜色的调整，还包括明暗度、层次的修饰。

2.3.1 恢复图片的正常亮度

在商品照片的后期处理中，要先观察照片整体的明暗效果，对于曝光不准确的照片，首先应对全图的明暗进行调整，通过提高亮度和增强暗调，让画面的曝光趋于正常。在 Photoshop 中可以通过"曝光度""色阶""曲线"等命令，让商品照片的亮度快速恢复正常。

01 用"曝光度"命令进行二次曝光处理

Photoshop 中的"曝光度"命令是用于控制照片明暗的有力工具，它的工作原理是模拟数码相机内部的曝光程序对照片进行二次曝光处理，一般用于调整曝光不足或曝光过度的照片。如下图所示，打开一张商品照片，执行"图像＞调整＞曝光度"菜单命令，在打开的"曝光度"对话框中调节"曝光度""位移""灰度系数校正"等选项，设置完毕后单击"确定"按钮，可以看到原本有些暗淡的画面变得鲜亮。

使用"曝光度"对话框中的"预设"选项可以快速调整画面的曝光，该选项的下拉列表中包含常用的预设调整效果，如右图所示，单击选中即可应用到图像中。但是"预设"的调整只针对"曝光度"一个参数，不会对"位移"和"灰度系数校正"的参数产生影响。

> **专家提点**
>
> 在"曝光度"对话框中设置参数时，不要一开始就把参数设置得很大，可以先设置得小一些，再根据预览效果进行多次调整，这样调整出来的效果更加精确。

02 用"色阶"命令重塑照片直方图

在 Photoshop 中打开商品照片后执行"图像>调整>色阶"菜单命令,在打开的"色阶"对话框中可以看到一张直方图,改变直方图的形状即可改变照片中像素的分布,从而调整画面的曝光和层次。

如下图所示,打开一张曝光及层次不理想的商品照片,执行"图像>调整>色阶"菜单命令,打开"色阶"对话框,在"输入色阶"选项组中对色阶值进行调整,可以用鼠标拖动直方图下方的黑、白、灰 3 个滑块,也可以直接在滑块下方的文本框中输入数值,直到画面恢复正常的曝光效果,并且层次更清晰。

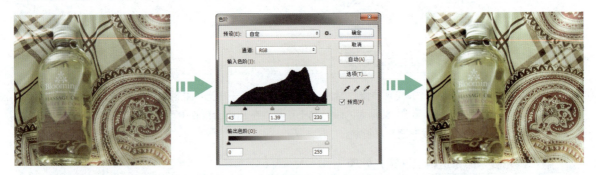

专家提点

在"色阶"对话框中,可以通过直方图最左端或最右端陡然增大的波峰来判断图像中是否有非常浅或非常深的像素,如果存在这种情况,可以将黑色滑块或白色滑块稍微向内拖动到波峰内,这样调整后照片中的图片信息才不会丢失太多。

03 用"曲线"命令调整不同明暗区域的亮度

"曲线"命令和"色阶"命令一样,都是用来调整画面整体明暗的,不同的是,"色阶"命令只能调整亮部、暗部和中间灰度的明暗,而"曲线"命令是应用不同的曲线形态来控制画面的明暗对比效果的,它可以通过控制曲线中任意一点的位置,在较小的范围内调整图像的明暗,如高光、1/4 色调、中间调、3/4 色调或暗部。

如右图所示,打开一张曝光不足的商品照片,执行"图像>调整>曲线"菜单命令,在打开的对话框中可以用鼠标拖动调整曲线的形状。由于原照片画面偏暗,因此单击曲线中间调上的控制点并向上拉升,使画面变亮,恢复正常的曝光效果。

此外,利用"曲线"对话框中的"预设"选项可以快速调整照片的影调,选择预设选项后,曲线的形状也会发生相应的变化。

2.3.2 校正白平衡还原真实色彩

环境光线的影响或相机参数设置不当都会导致拍出的照片色彩与人眼看到的色彩不同,这种偏色现象对商品照片是很不利的,它会给顾客带来视觉上的误差,引起不必要的误会。因此,后期处理中必须对商品照片进行色彩校正、让商品图像恢复真实色彩。Photoshop 中的"色彩平衡"命令可以通过校正照片的白平衡,让商品图像的色彩恢复真实、自然的效果。

"色彩平衡"命令能够单独对照片的高光、中间调或阴影部分进行颜色更改,通过添加过渡色调的相反色来平衡画面的色彩。如下图所示,打开一张偏色的商品照片,执行"图像>调整>色彩平衡"菜单命令,在打开的"色彩平衡"对话框中进行设置。由于原照片偏黄,因此需要增强照片中的冷色调,在"色彩平衡"选项组中拖动3个色条上的滑块,或者在"色阶"后的文本框中输入数值,直到商品图像的色彩接近人眼看到的商品实物效果。

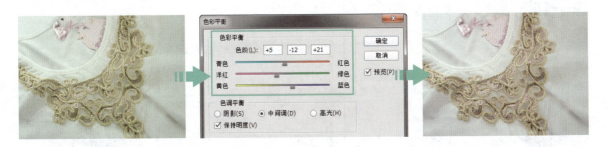

根据"色彩平衡"命令的工作原理,可以为商品照片应用暖色调或冷色调,即利用颜色的互补原理平衡照片的色调。在该对话框的"色彩平衡"选项组中,每一个滑块的两端都各自对应着一个暖色和一个冷色,向某个颜色的方向拖动滑块,就可以提高画面中对应颜色的比例。例如,若要增强画面中的蓝色,可以将滑块向蓝色方向拖动。

为了让调整的效果更加准确,还可以利用"色调平衡"选项组中的"阴影""中间调"和"高光"单选按钮来指定调整范围,针对不同的图像区域进行调色。如右图所示是针对"高光"区域进行的调色。

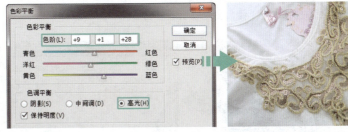

> **专家提点**
>
> 在"色彩平衡"对话框中勾选"保持明度"复选框,可以防止图像的亮度随着颜色的更改而变化,从而保持图像色调的平衡。

2.3.3 改变商品色调营造特殊氛围

在商品照片的后期处理中，为了突显店铺的风格，可以适当调整照片的色调，让照片的色彩表现更独特、更符合商品特质。例如，可以为复古风格商品的照片添加淡淡的怀旧色调，为小清新风格商品的照片添加淡青绿色或偏黄的色调。下面就来讲解如何打造当下网店流行的色调。

在 Photoshop 中可以使用"照片滤镜"命令模拟相机镜头上安装彩色滤镜的拍摄效果，它可以消除色偏或对照片应用指定的色调。如下图所示，打开一张正常色调的洋酒商品照片，可以看到画面的色调过于平淡，不能营造出特定的氛围，执行"图像>调整>照片滤镜"菜单命令，在打开的对话框中选择"滤镜"下拉列表中的"深褐"选项，并设置"浓度"为 50%，可以看到画面呈现出复古色调，与商品的包装和造型更加匹配。

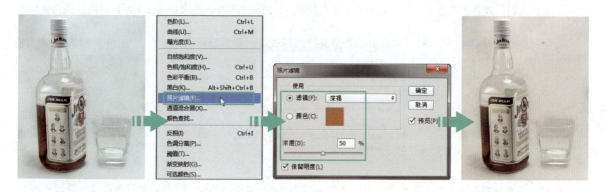

还有一些商品，虽然真实的色调可以反映出它们的颜色，但是却使其失去了原有的品质，不能淋漓尽致地表现出高档、雅致的效果。例如，下图所示的紫砂壶照片，在拍摄时使用了黄色的丝缎作为商品的背景，本意是想烘托出紫砂壶的高档次，但是却使画面缺乏和谐感，在后期处理中使用"照片滤镜"命令为画面赋予了暖色调，画面视觉效果更佳，更能吸引顾客的目光。

> 💡 **专家提点**
>
> 调整商品照片的色调要以保证真实性为前提，不要让调整后的商品颜色太失真，否则顾客在收到商品后会因为色差而感到失望，导致交易纠纷。

2.4 抠图——精确选取替换背景

在网店装修的过程中,抠图是一项很常见的操作,它是指将商品图像选中并从背景中分离出来,以便更加自由地进行合成和设计。商品照片抠图的方法有很多,每种方法的适用范围不同,与照片背景的色彩和纯净度、商品的外形轮廓等都有关系。

2.4.1 单色背景的快速抠取

在商品照片中,如果背景为纯色,且商品的颜色与背景的颜色差异很大,可以使用 Photoshop 中的"快速选择工具"和"魔棒工具"将商品图像快速地抠取出来。

01 快速选择工具

"快速选择工具"可像使用"画笔工具"绘画一样快速"绘制"选区,选区会随着鼠标的拖动向外扩展并自动查找和跟随图像的边缘。如下图所示,打开一张纯色背景的饰品照片,选择"快速选择工具" ,在其选项栏中适当设置参数,接着在背景上单击并拖动鼠标,即会根据鼠标拖过的范围自动创建选区,继续拖动鼠标直到将饰品外部的背景图像全部添加到选区中;在选项栏中单击"添加到选区"按钮 ,在手链内部的背景上涂抹,直到将内部的背景图像全部选中;此时所有的背景都在选区中,执行"选择>反向"菜单命令,对选区进行反向选取,即可将手链图像选中。随后按下快捷键 Ctrl+J,将选区中的手链图像复制为新图层,完成抠图操作。

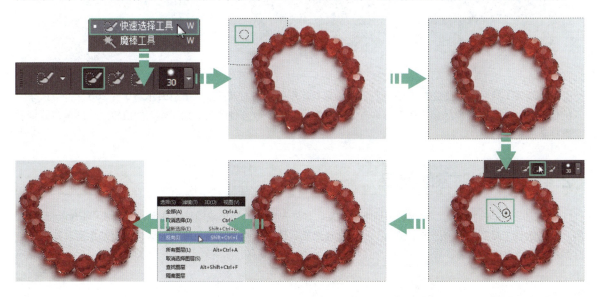

在使用"快速选择工具"的过程中，注意其选项栏中"自动增强"复选框的功能，它能够减少选区边界的粗糙度和块效应，会自动将选区向图像边缘进一步流动并应用一些边缘调整。

> **专家提点**
>
> 在使用"快速选择工具"建立选区时，按右方括号键] 可增大"快速选择工具"画笔笔尖的大小，按左方括号键 [可减小"快速选择工具"画笔笔尖的大小。

02 魔棒工具

"魔棒工具"用于选择图像中像素颜色相似的不规则区域，它主要通过图像的色调、饱和度和亮度信息来决定选取的图像范围。"魔棒工具"的操作比"快速选择工具"更加快捷，只需在要选取的位置单击鼠标，就能创建选区。

如下图所示，打开一张商品照片，可以看到背景色彩相对单一，选择工具箱中的"魔棒工具" ，在其选项栏中设置"容差"为 20，并单击"添加到选区"按钮 ，然后使用鼠标在背景上单击，即可将与单击位置色彩相似的图像选中，继续使用该工具在背景上单击，就能将除了商品之外的其他图像选中，再进行反向选取，即可将商品抠选出来。

在"魔棒工具"的选项栏中，"容差"选项会影响选取的范围，其参数取值范围介于 0～255 之间。如果输入的值较小，则单击鼠标后会选择与所单击像素非常相似的少数几种颜色；如果输入的值较大，则单击鼠标后会选择范围更广的颜色。

2.4.2 规则对象的抠取

对于一些外形较为规则、轮廓较为清晰的商品，如外形轮廓为矩形或圆形的商品，可以使用 Photoshop 中的"矩形选框工具"和"椭圆选框工具"进行快速选取。使用这两个工具创建的选区边缘更加平滑，能够将商品的边缘抠取得更加准确。

01 用"矩形选框工具"抠取方形商品

"矩形选框工具"主要是通过单击并拖动鼠标来创建矩形或正方形的选区,当商品的外形为矩形或正方形时,使用该工具可以快速将商品框选出来。

如下图所示,在 Photoshop 中打开一张商品照片,可以看到墙上的画框的外形轮廓为标准的矩形,先选择工具箱中的"矩形选框工具" ,接着在图像窗口中的适当位置单击并拖动鼠标绘制矩形虚线框,直至虚线框完全包围画框图像,释放鼠标即可创建选区,将画框框选出来。若想创建正方形选区,在拖动鼠标的同时按住 Shift 键不放即可。

02 用"椭圆选框工具"抠取圆形商品

"椭圆选框工具"的使用方法与"矩形选框工具"相同,都是通过单击并拖动鼠标来创建选区,不同的是"椭圆选框工具"创建的是椭圆或正圆形的选区。该工具同样可以通过在拖动鼠标的同时按住 Shift 键来创建正圆形的选区。

如下图所示,打开一张外形为圆形的指南针商品照片,选择工具箱中的"椭圆选框工具" ,在图像窗口中单击并拖动鼠标,创建椭圆形的选区,将指南针图像框选出来,抠取图像后即可替换背景。

专家提点

在使用"矩形选框工具"或"椭圆选框工具"绘制选框的过程中,若绘制到一半时想要调整选框的位置,可在不松开鼠标的同时按住空格键,此时继续拖动鼠标可以移动选框,移至合适位置后,在不松开鼠标的同时松开空格键,可继续拖动鼠标调整选框大小。

2.4.3　多边形对象的抠取

大多数情况下，商品的形状并不是非常规则的，此时"矩形选框工具"和"椭圆选框工具"就不适用了。如果商品的外形为多边形，并且具有非常明显的棱角，使用"多边形套索工具"可以快速地完成商品对象的抠取。下面就来学习多边形对象的抠取方法。

如下图所示，在 Photoshop 中打开一张礼品盒的照片，选择工具箱中的"多边形套索工具"，在礼品盒边缘单击确定选区的起点，随后移动鼠标指针至外形轮廓的转角位置，再次单击鼠标，将会创建与起始位置相连接的直线路径；继续用相同方法多次单击鼠标创建多边形路径，当终点与起点重合时，鼠标指针将呈形，单击即可创建闭合的多边形选区；接着就可抠出图像并替换背景。

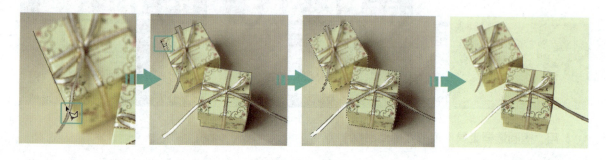

当商品照片中存在多个多边形对象时，使用"多边形套索工具"也能很好地完成抠取任务。首先将其中一个多边形对象添加到选区，接着单击工具选项栏中的"添加到选区"按钮，继续使用"多边形套索工具"创建选区，就能把所有的多边形对象抠选出来，如下图所示。

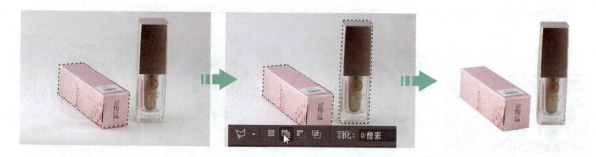

> 💡 **专家提点**
>
> 使用"多边形套索工具"有以下技巧：在移动鼠标时按住 Shift 键，可绘制角度为 45°的倍数的直线路径；若要自由手绘路径，按住 Alt 键并拖动鼠标，完成后松开 Alt 键及鼠标即可；若要抹除最新绘制的直线路径，按下 Delete 键即可。

2.4.4 轮廓清晰对象的抠取

对于一些边缘轮廓清晰但不规则的商品来说，使用"磁性套索工具"更容易抠取，但是商品与背景之间最好在颜色或明暗上存在较大的反差，否则抠取的效果会不理想。

"磁性套索工具"特别适用于快速选择与背景对比强烈且边缘复杂的对象。如下图所示，在 Photoshop 中打开一张化妆品照片，选择工具箱中的"磁性套索工具"，在其选项栏中适当设置参数后，在图像窗口中需要选取的化妆品图像边缘单击确定起点，接着沿化妆品图像边缘移动鼠标，将会根据鼠标移动的轨迹自动创建带有锚点的路径，双击鼠标将起点与终点位置进行合并，自动创建出闭合的路径，即可将化妆品框选到选区中。

"磁性套索工具"选项栏中的"频率"选项较为关键，它可以指定套索以什么频度生成锚点。设置的数值越大，移动鼠标时自动生成的锚点就越多，图像的选取就越精确。如下图所示为设置不同"频率"选项参数时的锚点创建效果。

"磁性套索工具"选项栏中的"对比度"选项可以指定套索检测图像边缘的灵敏度。该选项参数的取值范围为 1%～100%，较高的数值将使套索只检测与其周边对比鲜明的边缘，较低的数值将使套索检测低对比度边缘。用户可以根据商品照片的色彩对比和明暗对比情况来对"频率"和"对比度"选项的参数进行设置。

专家提点

在使用"磁性套索工具"时，若要临时切换至"多边形套索工具"，可在按住 Alt 键的同时单击鼠标。

2.4.5　图像的精细抠取

前面讲解的单色背景、规则对象、多边形对象和轮廓清晰对象的抠取方法只能在对画质要求不高的情况下使用，因为这些方法抠出的商品图像边缘平滑度不够，甚至会产生一定的锯齿，如果需要制作较大画幅的欢迎模块或海报，这些方法就不适用了。如果商品的边缘不规整但对于抠取质量又有较高要求，使用"钢笔工具"能得到最好的抠取效果，让合成的画面更加精致。

"钢笔工具"是通过在图像的边缘上绘制出矢量路径来完成抠图的，因此，在学习使用"钢笔工具"抠图之前，需要先来认识一下路径的组成。路径由一条或多条直线线段或曲线线段组成，每条线段的起点和终点由锚点标记。路径可以是闭合的，也可以是开放的，并具有不同的端点。通过拖动路径的锚点、方向点或线段，可以改变路径的形状。如右图所示的路径即包含了曲线线段、选中的锚点、未选中的锚点、方向线、方向点等。

认识了路径之后，接下来就可以使用"钢笔工具"进行抠图操作了。用"钢笔工具"抠图一定要养成放大图片的习惯，放得越大，抠取的边缘越细致。

打开一张电动剃须刀照片，放大图片至适当比例，单击工具箱中的"钢笔工具"按钮，或按下快捷键P，在图片中要开始抠图的地方单击，就出现了一个路径锚点。沿着剃须刀的边缘再次单击生成第二个锚点，不要松开鼠标左键，拖动一下，就会出现一对控制杆，这时会发现两个锚点之间的线段变成了曲线，按住 Alt 键可以用鼠标对锚点的控制杆进行调整，以改变曲线线段的弯曲弧度。继续用相同方法绘制，得到紧密贴合剃须刀边缘的闭合路径。

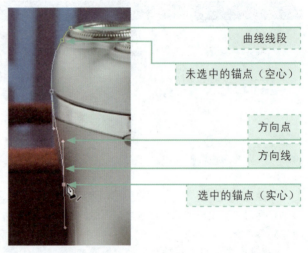

创建路径之后，在路径上右击，在弹出的快捷菜单中选择"建立选区"命令，打开"建立选区"对话框，根据设计的需要设置参数，设置完毕后单击"确定"按钮，在图像窗口中可以看到剃须刀被框选到了选区中，如下图所示。

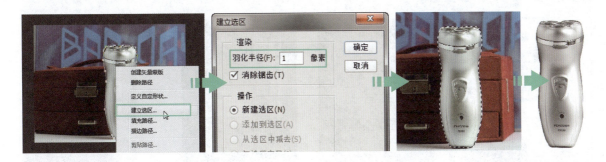

"钢笔工具"的选项栏提供了"形状""路径""像素"三种编辑模式，这三种模式所创建出来的对象是不同的。在使用"钢笔工具"进行抠图时，通常会使用"路径"模式来进行操作。

专家提点

对于封闭的路径，要删除某个锚点，不能用 Delete 键直接删除，这样会将整个路径也一并删除了，正确的方法是：用"直接选择工具" 单击该锚点，使其变成实心的选中状态，然后右击选中的锚点，在弹出的快捷菜单中选择"删除锚点"命令。

2.4.6　复杂或半透明图像的抠取

在网店装修的过程中，还会遇到一些更为复杂的对象，如模特杂乱的发丝、半透明的玻璃等，这些对象的抠取就不能依靠单一的工具，还要用到一些特殊的命令或面板，进行一些较为复杂的操作才能完成。下面分别讲解使用"通道"面板和"色彩范围"命令抠取这类图像的具体操作方法。

01 用通道抠图

对于一些轮廓较为复杂的图像，可以通过复制通道的方式进行精细的抠图。先在"通道"面板中复制对比度较为强烈的颜色通道，接着使用"画笔工具"对通道中的图像进行编辑，然后将通道中的图像创建为选区，并对选区中的图像进行复制，就完成了抠图。下面以抠取模特复杂的发丝为例讲解具体的操作方法。

01 在Photoshop中打开一张服装模特照片，在图像窗口中查看照片的原始效果，可以发现模特的发丝非常复杂。打开"通道"面板，观察各通道中的图像，准备进行通道抠图。

02 经过对比，发现"绿"通道中的图像对比度最强烈，右击"绿"通道，在弹出的快捷菜单中选择"复制通道"命令，在弹出的对话框中直接单击"确定"按钮，复制得到"绿 拷贝"通道。

03 选中"绿 拷贝"通道，执行"图像>调整>色阶"菜单命令，在打开的对话框中设置"绿 拷贝"通道下的色阶值分别为0、0.87、255。

04 单击"绿 拷贝"通道，进入该通道，选中工具箱中的"画笔工具"，设置前景色为黑色，用该工具在模特身上涂抹，将模特图像涂抹成黑色。

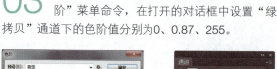

05 在编辑"绿 拷贝"通道的过程中，头发边缘位置可以不编辑，只对面部、衣服、手臂和脚部进行涂抹，在图像窗口中可以看到效果。

06 选中"绿 拷贝"通道，执行"图像>调整>反相"菜单命令，将通道中的图像进行反相，在图像窗口中可以看到模特图像显示为白色。

07 单击"通道"面板底部的"将通道图像载入选区"按钮,再单击"RGB"通道显示彩色图像,按下快捷键Ctrl+J复制选区中的图像至新图层。

08 完成模特图像的抠取后,添加新的背景图像进行画面合成。合成后可以看到模特的头发显得非常自然。

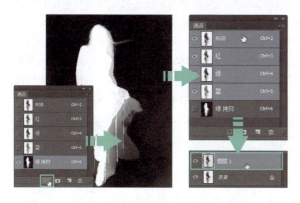

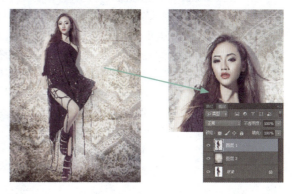

02 用"色彩范围"命令抠取半透明区域

对于一些半透明的商品,使用"色彩范围"命令可以快速将其抠选出来。如下图所示,在Photoshop中打开商品照片,执行"选择>色彩范围"菜单命令,在打开的"色彩范围"对话框中进行设置,完成后单击"确定"按钮,即可创建选区,通过对创建的选区添加图层蒙版,可以将玻璃部分抠取出来。

在"色彩范围"对话框中有一个预览区,用于预览对图像中的颜色进行取样后得到的选区。默认情况下,白色区域是选定的像素,黑色区域是未选定的像素,而灰色区域则是部分选定的像素。

> **专家提点**
>
> 在"色彩范围"对话框中,若要让预览区在"图像"预览和"选区"预览之间切换,只需按住Ctrl键即可。

2.4.7 让抠取的商品图像边缘更理想

使用 Photoshop 中的选区工具创建选区并抠取商品图像的过程中,可以看到这些工具的选项栏中都有一个"调整边缘"选项,单击这个按钮,或者执行"选择 > 调整边缘"菜单命令,可以打开"调整边缘"对话框,如下图所示。该对话框包含多个选项,可对选区边缘的羽化、对比度、伸缩度进行细微调整,让创建的选区更准确。

"调整边缘"对话框中的"智能半径"用于自动调整边界区域中硬边缘和柔化边缘的半径;"半径"用于控制选区边界的大小;"平滑"用于减少选区边界中的不规则区域,以创建较平滑的边缘轮廓;"羽化"用于模糊选区与周围像素之间的过渡效果;"对比度"选项增大时,选区轮廓的柔和边缘的过渡会变得不连贯,通常情况下,使用"智能半径"选项和调整工具效果会更好;"移动边缘"选项为负值时向内移动柔化选区的边缘,为正值时向外移动柔化选区的边缘,向内移动选区轮廓有助于从选区边缘中移去不想要的背景颜色。

打开一张已经使用图层蒙版进行抠图的商品照片,在"图层"面板中单击图层蒙版缩览图,接着执行"选择 > 调整边缘"菜单命令,在打开的"调整边缘"对话框中对选项的参数进行设置,单击"确定"按钮后可以发现,抠取的商品图片效果更加理想,具体如下图所示。

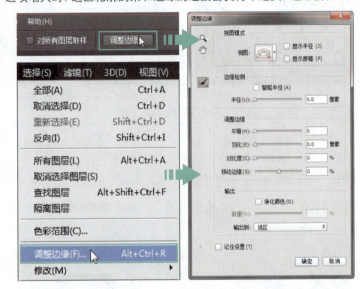

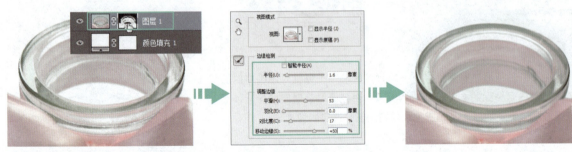

专家提点

从 Photoshop CC 2015.5 开始,"调整边缘"按钮/命令升级为"选择并遮住"按钮/命令,单击按钮或执行命令将进入"选择并遮住"工作区,同样可以对选区进行精细的调整,以更精确地选中图像。

2.5 文字——辅助商品信息的表现

文字作为视觉传达的重要组成部分，是图像和色彩之外的又一重要视觉构成要素。因此，完成商品照片的美化和修饰后，为了让顾客了解更多的商品信息，通常还需要在画面中适当添加文字。Photoshop 除了具有强大的图像处理功能外，还具备一定的文字编排功能，能够轻松制作出满足设计需要的文字效果。

2.5.1 输入文字并设置格式

在网店装修的文字编辑工作中，为处理好的商品照片添加文字是第一个步骤。添加文字后，还可以对文字的字体、字号、字间距、颜色等进行调整，使文字的外形和色彩符合当前画面的风格，能够准确地传递出商品的信息。

如下图所示，在 Photoshop 中打开一张已经处理好的商品照片，选择工具箱中的"横排文字工具" ，在需要添加文字的位置单击，当显示出闪烁的插入点时即可输入文字信息，选中输入的文字，执行"窗口＞字符"菜单命令，打开"字符"面板，在其中对文字的相关属性进行设置，并使用"移动工具"适当调整文字的位置，即可完成文字的添加。

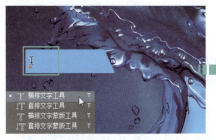  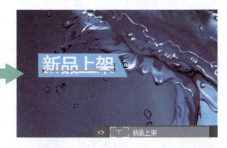

除了使用"横排文字工具"为画面添加横排文字以外，还可以使用"直排文字工具"添加竖排文字，这两个工具的使用方法相似。如果想要创建段落文字，还可以使用文字工具在图像窗口中单击并拖动，创建文本框后再输入文字即可，如右图所示。

创建文字后，"图层"面板中会添加相应的文字图层。文字图层中的文字可以随时编辑修改，也可对其应用图层相关的处理命令。不过，在对文字图层进行栅格化处理之后，矢量的文字轮廓会被转换为像素，将不能作为文字进行编辑。

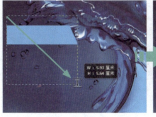 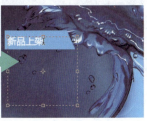

2.5.2 打造具有创意的标题文字

为了让文字的表现主次分明，可通过改变字体、字号、颜色等来突出重要的标题文字，但是有时为了营造特定的气氛，需要让标题文字看起来更有新意，仅通过变换字体等格式就无法实现了。此时可以使用两种方法对标题文字进行艺术化设计：一种是通过为文字添加图层样式来丰富其视觉表现；另一种是对文字的外观进行重新设计，制作出艺术化的文字效果。

01 用"图层样式"修饰标题文字

使用"图层样式"对文字图层进行修饰，可随时调整其选项参数，且不会影响文字图层本身的属性。如右图所示的标题文字，只使用"字符"面板进行字体、字号、颜色等格式设置并不能得到突显，当使用"渐变叠加"图层样式进行修饰后，文字的表现更为丰富，成为画面的视觉中心，达到了宣传效果。

02 对文字的外观进行艺术化设计

文字外观的艺术化设计是指通过使用矢量图形工具重新绘制文字、在输入的文字上添加修饰形状等方式来制作标题文字。如下图所示的"卓越生活""剃须刀"等文字，就是使用 Photoshop 中的"矩形工具""椭圆工具"等矢量图形工具绘制出来的，直角、简约的文字外观更贴合剃须刀的用户群体——男性坚强、硬朗的性格特点，再使用"投影"图层样式对标题文字进行修饰，让画面更具层次感。

标题文字的艺术化设计需要设计师具有敏锐的洞察力，能够理解商品、节日、促销活动等的特点，通过自身对美的理解来进行创作，才能获得较为优秀的设计作品。

2.5.3　段落文字的艺术化编排

当代生活节奏越来越快,许多人是在忙碌工作的间隙进行网购的,对于大段文字往往缺乏阅读的耐心,为了更好地调动顾客的阅读兴趣,除了让文字的内容更加凝练外,还可对不得不出现的大段文字进行艺术化的编排设计,以增强文字信息的视觉传达效果。

如下图所示的三幅网店装修作品,除了根据版面布局来对段落文字的对齐方式、行距等进行调整以外,还对段落文字的字体、字号进行了精心搭配,使得段落文字的主次更加分明,提升了文字的阅读体验,避免大段文字给顾客造成阅读上的障碍,有效地增强了顾客的阅读兴趣。

在 Photoshop 中对段落文字进行艺术化编排时,可以将"字符"面板和"段落"面板搭配使用,利用文字工具将段落文字中的一部分文字选中,对文字进行字体、字号或颜色的局部调整,提高段落文字主次关系的表现力,具体操作如下图所示。

对于满意的段落文字格式,还可以使用"段落样式"面板存储下来,以便在其他设计工作中对段落文字进行快速设置,提高工作效率。"段落样式"包括字符和段落格式属性,用文字工具选中一个或多个段落后,在"段落样式"面板中单击段落样式名称即可快速应用。

第3章

网店首页——
给顾客带来信心与惊喜

　　学习了应用Photoshop进行网店装修的五大技能，下面开始分别讲解网店首页和商品详情页的装修。网店首页就好像实体店铺中的招牌、导购人员、店面装饰与活动招贴等，它能够最直接地展示出店铺的特点与风格。网店首页的基本组成模块主要有店招、导航、欢迎模块、客服和收藏区，它们各自有着不同的作用和设计内容。本章就将逐一讲解如何设计网店首页中的各个模块，让首页给顾客带来更多的信心与惊喜。

本章重点

- 招牌——店招与导航
- 服务——收藏与客服区
- 动态——欢迎模块

3.1 招牌——店招与导航

店招与导航位于网店首页的最顶端,它们的作用主要是向顾客展示网店的店名、销售内容,并提供访问店铺各功能模块的快速通道。店招与导航是顾客进入店铺后看到的第一个模块,因此是首页设计的重中之重。

3.1.1 设计要点

店招就是网店的招牌,从网店品牌推广的角度来看,店招要便于记忆,因此,店招的设计要具备新颖、易辨识、易传播等特点。设计成功的店招必须有标准的颜色和字体、简洁的版面。此外,店招中还要有一句简短、醒目的广告语,画面还要具备强烈的视觉冲击力,清晰地告诉顾客店铺在卖什么。通过店招也可以对店铺的装修风格进行定位。

店招包含的主要内容如下图所示。为了充分利用页面空间,有时还会在店招中添加店铺的促销活动、热门商品等信息。

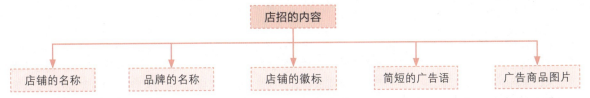

导航是依附在店招下方的一条细长的矩形区域,它的主要作用是对店铺中销售的商品和提供的服务进行分类。导航的外观和色彩应与店招协调搭配,其中的信息应简明扼要、整齐简洁,对顾客的浏览操作起到清晰、直观的引导作用。有时为了让导航中的信息更加具象化,可以为每组信息添加形象的图标进行辅助表现,使导航更具设计感。

为了让店招和导航呈现出简洁、清爽的视觉效果,在具体的设计过程中并不会将上述所有信息都添加进去,而是根据店铺的具体情况放置一些较为重要的内容。如下图所示为某灯具店铺的店招和导航内容。

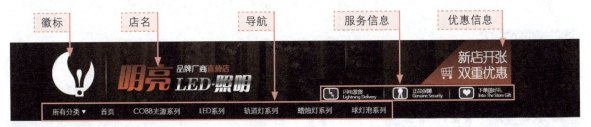

3.1.2 灯具店铺店招与导航设计

本案例是为某品牌的灯具店铺设计的店招与导航。为了突显店招与导航的意境，设计中用灯具图像作为背景，通过明暗的对比来增强画面的层次感，并利用"渐变叠加"图层样式来丰富店招文字的色彩表现，使其呈现出一定的光泽感，与店铺所销售的商品性质相符。下面就来讲解具体的制作方法。

素材　实例文件 \03\ 素材 \01.jpg
源文件　实例文件 \03\ 源文件 \ 灯具店铺店招与导航设计 .psd

01 设计要点分析

本案例是为灯具店铺设计店招与导航，鉴于灯具的功能是照明，在设计中选择灯具图片作为背景，通过明暗对比来让店招中的元素突显出来。将该店铺的徽标放在店招的最左侧，紧接着放店铺的名称，让店招的主要内容更加显眼。此外，还通过添加优惠活动和服务信息来丰富店招的内容，让顾客了解到更多的店铺动态。

02 文字配色分析

灯具的作用就是照明，找一张灯光素材，发现其中的灯光表现出渐变的色彩。参考这张灯光素材，在对标题文字进行配色的过程中，使用黑白色的线性渐变来填充文字，让文字的视觉表现符合商品的特点。

03 整体配色分析

画面整体的配色以暖色调为主，因为灯光除了照明以外，还经常被赋予温暖、温馨的感觉，暖色调的画面能够让这种氛围更加浓烈。而适当地使用黑色作为背景，可以让色彩之间形成强烈的反差，便于突出主体。

04 案例步骤解析

01 启动Photoshop，新建一个文档，为背景填充上所需的颜色，将灯具素材01.jpg添加到文件中，在"图层"面板中设置其混合模式为"线性减淡（添加）"。

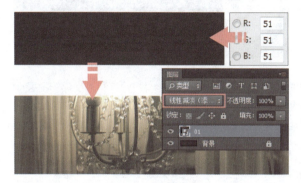

02 创建"色彩平衡1"和"色阶1"调整图层，分别在相应的"属性"面板中对参数进行设置，调整画面的色彩和层次，在图像窗口中可以看到编辑后的效果。

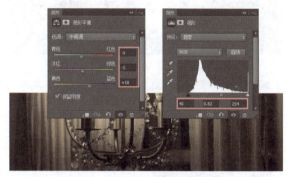

03 选择工具箱中的"矩形工具"，在图像窗口中绘制一个矩形，填充上R51、G51、B51的颜色，无描边色，接着在"图层"面板中设置其混合模式为"正片叠底"，在图像窗口中可以看到编辑后的效果。

04 选择"横排文字工具"，在适当的位置单击，输入"明亮"，选中输入的文字，打开"字符"面板设置文字的属性，并使用"渐变叠加"和"投影"图层样式修饰文字的外观。

05 继续用"横排文字工具"添加其他文字，设置好每组文字的字体、字号和颜色等属性，应用"渐变叠加"和"投影"图层样式对部分文字的外观进行修饰，在图像窗口中可以看到编辑后的效果。

06 使用"矩形工具"绘制一个白色的矩形条，接着为该图层添加图层蒙版，使用"渐变工具"对该图层蒙版填充径向渐变，让矩形条呈现出渐隐渐现的视觉效果，作为店铺徽标和店名的分隔线。

07 选择工具箱中的"钢笔工具"，结合"删除锚点工具""添加锚点工具"和"转换点工具"等路径编辑工具，绘制出店铺徽标，为徽标填充白色，无描边色，并移至分隔线左侧的适当位置。

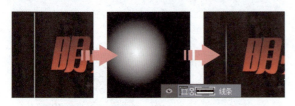

08 接着制作店铺服务承诺信息。使用"圆角矩形工具"绘制圆角矩形，使用"描边"和"投影"图层样式对绘制的圆角矩形进行修饰，接着对其进行复制，再使用"自定形状工具"在圆角矩形中绘制出所需的图标形状。将绘制好的圆角矩形和图标均匀摆放在适当的位置，在图像窗口中可以看到编辑后的效果。

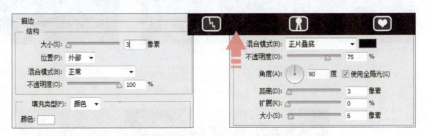

09 选择"横排文字工具"，在图标后的适当位置单击，输入所需的服务承诺文字，选中文字后打开"字符"面板，设置文字的字体、字号、颜色等属性。接着对前面绘制的渐隐渐现的分隔线进行复制，适当调整线条的大小后移至每组信息的中间，在图像窗口中可以看到编辑后的效果。

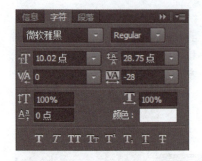

> **专家提点**
>
> 在多通道、位图或索引颜色模式的图像中不能创建文字图层，因为这些模式不支持图层。在这些模式中，文字将以栅格化的形式出现在背景上。

10 开始制作导航。使用"矩形工具"绘制出矩形，填充黑色，无描边色，作为导航的背景。接着使用"横排文字工具"在矩形中适当的位置单击，输入导航上的文字，选中输入的文字，打开"字符"面板设置文字的属性。使用"钢笔工具"在"所有分类"文字右侧绘制出三角形，作为下拉菜单的提示。

11 接着制作店铺活动信息。用"钢笔工具"绘制出梯形图形，在"图层"面板中双击梯形图形对应的形状图层，在打开的"图层样式"对话框中勾选"投影"和"渐变叠加"复选框，使用这两个样式对梯形进行修饰。

12 选择"横排文字工具"，在适当的位置单击，输入文字"新店开张双重优惠"，选中输入的文字，在"字符"面板中设置文字的属性，在"段落"面板中设置文字的对齐方式，在图像窗口中可以看到编辑的效果。

13 选择工具箱中的"自定形状工具"，在该工具的选项栏中选择"购物车"形状并绘制在适当位置，为绘制的形状填充白色，无描边色，在图像窗口中可以看到编辑后的效果。至此本案例制作完成。

3.1.3 宠物用品店铺店招与导航设计

　　本案例是为某宠物用品店铺制作的店招和导航，画面中使用了多种宠物狗的卡通形象来作为装饰，并将导航的外观制作成骨头的形状，增添了画面的趣味性和设计感，文字信息使用可爱的手写字体，与整个画面的风格一致，青翠的草地更带来一种自然、健康的感觉。

| 素　材 | 实例文件 \03\ 素材 \02.ai、03.jpg |
| 源文件 | 实例文件 \03\ 源文件 \ 宠物用品店铺店招与导航设计 .psd |

01 设计要点分析

　　本案例是为宠物用品店铺设计的店招与导航，因此，在设计前先收集与宠物狗相关的设计元素，最典型的就是骨头与狗爪印，将这两个元素巧妙地应用到店铺徽标和导航中，使店招和导航呈现出可爱、萌动的感觉，增强顾客的购买欲，同时提升店铺的形象。

02 配色分析

　　宠物狗给人的感觉是可爱、调皮、温顺的，为了让店招和导航呈现出俏皮、亲切的感觉，在设计中使用了明度和纯度较高的色彩，营造活泼、明快的视觉感受，也让画面中宠物、骨头和草地等设计元素的色彩相互协调，形成统一的视觉效果。

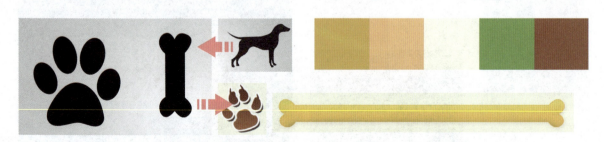

03 案例步骤解析

01 启动Photoshop，新建一个文档，双击工具箱底部的前景色色块，在打开的对话框中设置前景色为R253、G253、B234，按下快捷键Alt+Delete，将"背景"图层填充上前景色。

02 选择"钢笔工具"，在适当位置绘制出骨头的形状，作为导航的背景，接着使用"描边""投影"和"内发光"图层样式对其进行修饰，在图像窗口中可以看到编辑后的效果。

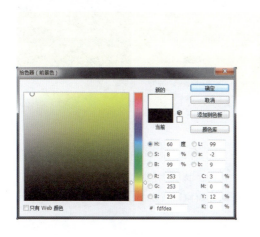

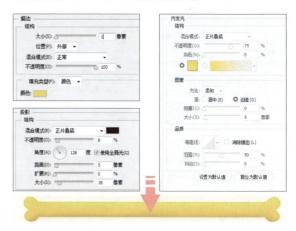

03 选择"横排文字工具"，在骨头形状上输入导航中的文字，利用"字符"面板设置文字的属性，并使用"描边"图层样式修饰文字的外观，在图像窗口中可以看到编辑后的效果。

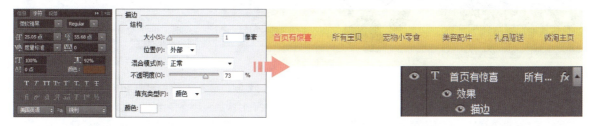

04 使用"矩形工具"绘制出导航中文字之间的分隔线，使用"投影"图层样式修饰线条的外观，在图像窗口中可以看到编辑后的效果。完成导航的制作。

05 选择工具箱中的"横排文字工具",输入网店的店名,利用"字符"面板对文字的字体、字号、字间距等属性进行设置,并使用"渐变叠加""描边"和"投影"图层样式修饰文字的外观,在图像窗口中可以看到编辑后的效果。

06 选择工具箱中的"自定形状工具",在其选项栏中选择"爪印(狗)"形状并绘制在适当位置。接着在"图层"面板中右击店名文字图层,在弹出的快捷菜单中选择"拷贝图层样式"命令,再右击"爪子"形状图层,在弹出的快捷菜单中选择"粘贴图层样式"命令,在图像窗口中可以看到爪子形状的外观与店招文字的外观一致。

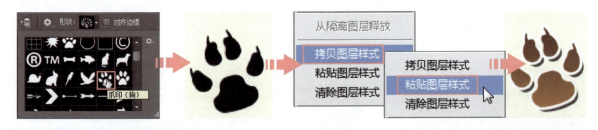

07 按下快捷键Ctrl+J,对编辑后的"爪子"形状图层进行复制,接着按下快捷键Ctrl+T,此时在爪子形状的边缘显示出自由变换框,利用变换框调整复制的爪子形状的大小、角度和位置,丰富画面内容,完成后选择"移动工具",在弹出的对话框中单击"应用"按钮,在图像窗口中可以看到编辑后的效果。

08 执行"文件＞置入"菜单命令,在打开的对话框中选择矢量素材文件02.ai,在弹出的"置入PDF"对话框中单击"确定"按钮,将狗狗卡通图案添加到文件中,适当调整图像变换框的大小,并移至适当的位置,按下Enter键确认置入,在图像窗口中可以看到编辑后的效果。

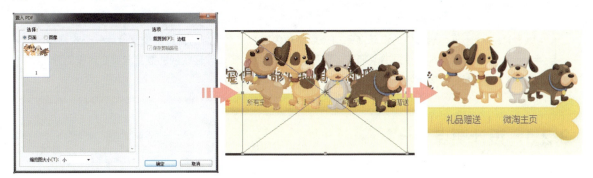

09 将草地图像素材03.jpg添加到文件中,适当调整图像的大小和位置,使其铺满画面底部,在图像窗口中可以看到编辑后的结果。

10 在"图层"面板中设置"草"图层的混合模式为"正片叠底",可以看到素材中白色的部分消失了,草地与背景自然地融合在一起。

11 按下快捷键Ctrl+J,对编辑后的"草"图层进行复制,接着在"图层"面板中设置该图层的"不透明度"为50%,在图像窗口中可以看到编辑后的效果。至此本案例制作完成。

> **技巧**
> 图层的整体"不透明度"用于控制它遮蔽或显示其下方图层的程度,"不透明度"为1%的图层看起来几乎是透明的,而"不透明度"为100%的图层则显得完全不透明。

3.2 动态——欢迎模块

欢迎模块在网店首页中所占的面积较大，相当于实体店铺中的海报或招贴，主要用于展示店铺中的最新商品动态或活动内容。每个网店的首页至少要设计一个欢迎模块，如果卖家在首页中添加了"图片轮播"功能，那么欢迎模块的数量就要与轮播的数量相同。下面就来讲解欢迎模块的设计要点和制作方法。

3.2.1 设计要点

欢迎模块在网店中属于自定义页面，它的宽度基本上限制在950像素以内，而高度不限。在某些时候因为设计内容的需要，可能会将欢迎模块与网店背景联系起来，如右图所示。如果为不同的电商平台设计欢迎模块，如淘宝、京东等，或者使用不同的网店装修模板，其尺寸的要求也是有差异的。

欢迎模块的内容可以是宣传店铺的促销活动，也可以是展示新上架的商品，由于其涉及的内容较广，因此，在设计之前要先确定设计的重点，搞清楚欢迎模块在某个时间范围内的作用。如果是为新品上架进行宣传，那么设计的内容就以新商品的形象为主；如果是为某个节日策划的活动，如圣诞节、中秋节，那么设计的内容就应该符合节日的气氛。如下列两图所示为以不同的设计内容为主题制作的欢迎模块。

在确定设计的内容之后，还要考虑设计的目的是什么，是给哪部分人群看的，以便有针对性地撰写文案。接下来要考虑如何设计欢迎模块中的图片：首先，保证商品的清晰展示是尤为重要的；其次，背景色和商品颜色的搭配既要有所差异，又不能抢了商品的风头。最后要考虑的是设计的风格，确定画面的格调和气氛，设计风格不仅仅是指色彩的搭配、图片的应用，还包括模特的选择、文字的设计。

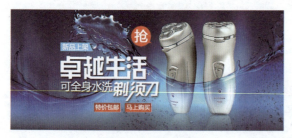

以新品上架为主题

以节日促销为主题

3.2.2 新品上架欢迎模块设计

本案例是为某品牌的剃须刀设计的新品上架欢迎模块,制作中将水花图像素材与剃须刀图像融合在一起,使用蓝色的背景让商品与背景之间产生强烈的色彩反差,利用边缘硬朗的艺术化文字作为标题,表现出男士刚毅、坚强的性格特点,整个画面色彩协调、重点突出,具有很强的视觉冲击力。

素　材　实例文件 \03\ 素材 \04.jpg ～ 06.jpg、07.psd
源文件　实例文件 \03\ 源文件 \ 新品上架欢迎模块设计 .psd

01 设计要点分析

本案例是为一款可以全身水洗的剃须刀设计的新品上架欢迎模块,在设计中抓住"可水洗"这个关键词,将剃须刀图像与水花图像融合在一起,以突出表现剃须刀的防水性能,让顾客一眼就能够理解这款商品的卖点,直观易懂且富有视觉冲击力。

02 配色分析

由于模块中将水花图像与剃须刀图像融合在一起,而且剃须刀的色彩为金属色,因此,选择蓝色作为画面的主色调最为合适,能够让商品与主色调形成强烈的反差,突显商品的形象。

03 案例步骤解析

01 启动Photoshop，新建一个文档，将背景素材04.jpg添加到文件中，适当调整素材图像的大小，使其铺满整个画布。

02 将剃须刀侧面照片05.jpg添加到文件中，得到一个智能对象图层，适当调整图像的大小，并移至画面右侧。

03 选择工具箱中的"钢笔工具"，沿着剃须刀图像的边缘绘制闭合路径，打开"路径"面板，单击面板底部的"将路径作为选区载入"按钮，把路径转换为选区。

04 将创建的路径转换为选区后，单击"图层"面板底部的"添加图层蒙版"按钮，为剃须刀图层添加上图层蒙版，将剃须刀图像抠取出来，在图像窗口中可以看到抠取的效果。

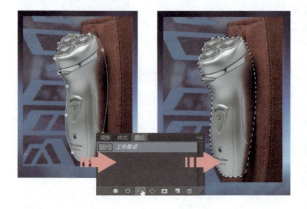

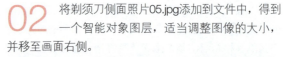

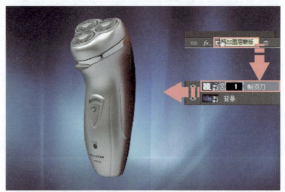

05 参考前面的编辑方法，将剃须刀正面照片06.jpg添加到文件中，再使用"钢笔工具"创建路径，将路径转换为选区后添加图层蒙版，将剃须刀图像抠取出来。

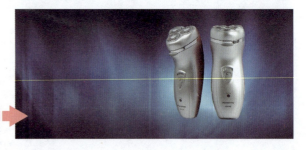

06 按住Ctrl+Shift键的同时依次单击两个剃须刀图层的图层蒙版缩览图,将两个剃须刀图像均添加到选区中,为选区创建"黑白"调整图层,打开"属性"面板设置参数,调整剃须刀图像颜色。

07 再次将两个剃须刀图像添加到选区中,为选区创建"色阶"调整图层,在打开的"属性"面板中设置RGB选项下的色阶值,用黑色的"画笔工具"编辑图层蒙版,调整特定的图像区域。

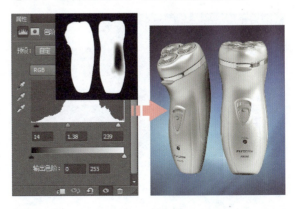

08 隐藏背景图层,只显示剃须刀和相关的调整图层,按下快捷键Ctrl+Shift+Alt+E,盖印可见图层,得到"图层1"图层,将其转换为智能对象图层,执行"滤镜>锐化>USM锐化"菜单命令,锐化剃须刀图像的细节。

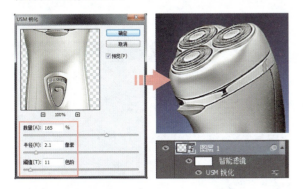

09 再次按下快捷键Ctrl+Shift+Alt+E,盖印可见图层,得到"图层2"图层,将其转换为智能对象图层,执行"滤镜>模糊>高斯模糊"菜单命令,设置"半径"为3.6像素,并对其蒙版进行编辑,模糊特定的图像区域。

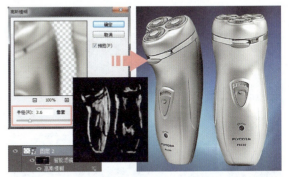

10 按下快捷键Ctrl+Shift+Alt+E,盖印可见图层,并将得到的图层命名为"投影",按下快捷键Ctrl+T打开自由变换框,对图像进行垂直翻转操作。为"投影"图层添加图层蒙版,并使用"渐变工具"编辑图层蒙版,制作出商品的倒影效果。

11 将水花图像07.psd添加到图像窗口中，适当调整图像的大小，使其铺满整个画面，再在"图层"面板中设置"水"图层的混合模式为"强光"，使水花图像自然地融入整个画面。

12 按住Ctrl键的同时单击"水"图层的缩览图，载入选区，为选区创建"色阶"调整图层，在打开的"属性"面板中设置RGB选项下的色阶值分别为21、0.51、245，增强水花图像的层次。

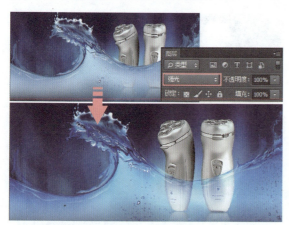

13 结合使用"钢笔工具""矩形工具""椭圆工具"等矢量图形绘制工具绘制路径，制作出标题文字和修饰形状，接着用"横排文字工具"在画面中输入其他文字，并使用"投影"图层样式增强文字的层次感。

14 按下快捷键Ctrl+Shift+Alt+E，盖印可见图层，得到"图层3"图层，将其转换为智能对象图层，执行"滤镜>锐化>USM锐化"菜单命令，在打开的对话框中设置参数，再次对画面进行锐化处理，使画面的细节更清晰。至此本案例制作完成。

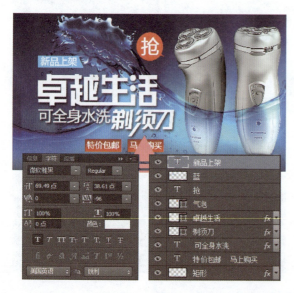

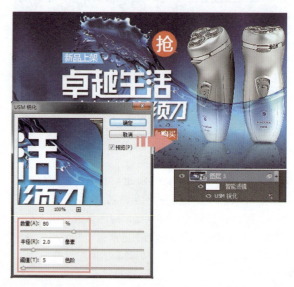

3.2.3　母亲节欢迎模块设计

本案例是为某品牌化妆品设计的母亲节主题的欢迎模块，制作中用象征母亲节的康乃馨花束作为背景，通过暗色的花朵营造出一种优雅、甜蜜的感觉，经过艺术化设计的标题文字增添了画面的精致感，而多种字体混合编排而成的文字信息令活动内容更具设计感。

素　材　实例文件 \03\ 素材 \08.jpg、09.jpg
源文件　实例文件 \03\ 源文件 \ 母亲节欢迎模块设计 .psd

01　设计要点分析

本案例的设计主题为母亲节，在设计中用康乃馨花束作为背景，既表达了母亲节的主题，又切合女性柔美的特质。经过艺术化设计的标题文字让画面具有强烈的设计感，并以花朵作为修饰物摆放在商品的下方，让整个画面传递出浓浓的温情，能很好地迎合活动主题。

02　配色分析

本案例使用明度较低的墨绿色作为主色调，并使用玫红色的文字和花朵对画面进行点缀，表现出强烈的视觉反差，使得主体对象更加突出，增强了商品的表现力。

03 案例步骤解析

01 启动Photoshop，新建一个文档，将花束背景素材08.jpg添加到画面中，适当调整其大小，并移至合适的位置。

02 按下快捷键Ctrl+J，对花束背景素材进行复制，为该图层添加图层蒙版，接着使用黑色到白色的线性渐变编辑蒙版，丰富背景内容。

03 创建黑色填充图层，选中填充图层的图层蒙版，将前景色设置为黑色，按下快捷键Alt+Delete将蒙版填充为黑色。更改前景色为白色，选择工具箱中的"画笔工具"，在选项栏中适当设置参数，使用设置好的画笔对蒙版进行编辑，将背景中的花束变暗。

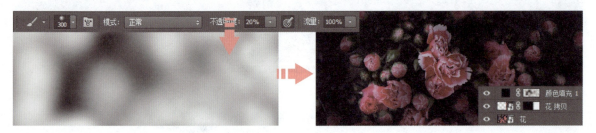

04 创建"色相/饱和度1"调整图层，在打开的"属性"面板中设置"全图"选项下的"色相"为+12、"饱和度"为-25，进一步调整背景中花束的色彩。

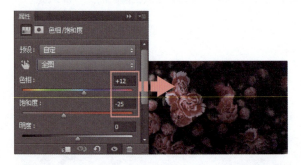

05 将商品对象素材09.jpg拖动到画面中，得到一个智能对象图层，适当调整图像的大小，并移至画面中合适的位置。

06 选择工具箱中的"磁性套索工具",沿着瓶子图像的边缘移动鼠标,将其添加到选区中,再单击"图层"面板底部的"添加图层蒙版"按钮,为该图层添加图层蒙版,将瓶子图像抠选出来。

07 选中"瓶"图层,按下快捷键Ctrl+J,对该图层进行复制,按住Shift键的同时使用"移动工具"对复制的瓶子图像进行水平移动,制作出两件商品并排放置的效果。

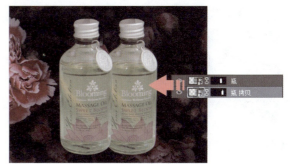

08 将两个瓶子添加到选区中,为选区创建"色阶1"调整图层,在打开的"属性"面板中设置RGB选项下的色阶值分别为47、1.71、233,在图像窗口中可以看到瓶子图像变亮。

09 再次将两个瓶子添加到选区中,为选区创建"选取颜色1"调整图层,在打开的"属性"面板中选择"颜色"下拉列表中的"黄色",设置该选项下的颜色值分别为-53、+49、+26、-9,对特定颜色进行调整。

10 将瓶子添加到选区中,为选区创建"色相/饱和度2"调整图层,在打开的"属性"面板中选择"洋红"选项,设置该选项下的"饱和度"为+100,提高瓶体花纹的颜色饱和度,在图像窗口中可以看到其色彩更加鲜艳。

11 新建"图层1"图层,在工具箱中设置前景色为R183、G177、B174,接着选择"画笔工具",在其选项栏中适当设置参数,使用该工具在瓶盖上涂抹,统一瓶盖的色彩。

12 将瓶子以外的图层隐藏后盖印可见图层,得到"图层2"图层,调整该图层中图像的位置,并进行垂直翻转,为该图层添加图层蒙版,使用"渐变工具"编辑蒙版,制作出瓶子的倒影效果。

13 显示所有图层,并盖印所有图层,得到"图层3"图层,将其转换为智能对象图层,执行"滤镜>锐化>USM锐化"菜单命令,在打开的对话框中设置参数,锐化图像后对该图层智能滤镜的蒙版进行编辑,只对瓶子进行锐化处理。

14 选中"花"智能对象图层,按下快捷键Ctrl+J,对该图层进行复制,适当调整图像的大小,再使用图层蒙版将部分花朵图像抠取出来。将图层置顶,再将抠出的花朵图像移至画面中瓶子的下方作为点缀。

15 使用"矩形工具"绘制一个矩形,填充上R5、G37、B38的颜色。将矩形移至画面的左侧,并在"图层"面板中设置其"填充"选项为95%,使其呈半透明效果。

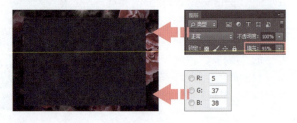

16 使用"钢笔工具"绘制出"感恩母亲节"的艺术字效果（也可以通过添加素材的方式制作标题文字），接着使用"外发光"、"描边"和"渐变叠加"图层样式对文字进行修饰，设置完毕后，把文字移至矩形的上方。

17 使用"钢笔工具"、"椭圆工具"和"矩形工具"绘制出所需的箭头和矩形，再使用"横排文字工具"输入活动的文字信息，适当调整文字的大小、字体等属性。

18 创建"照片滤镜1"调整图层，在打开的"属性"面板中选择"滤镜"下拉列表中的"蓝"选项，设置该选项下的"浓度"为25%，在图像窗口中可以看到画面的色彩发生了改变。

19 创建"色彩平衡1"调整图层，在打开的"属性"面板中设置"中间调"选项下的颜色值分别为-14、-4、+23，对画面的色彩进行细微的调整。至此本案例制作完成。

3.3 服务——收藏与客服区

收藏与客服区在网店首页中占据的面积通常较小，所处位置也相对不显眼，所以常常被许多网店所忽略。但是若想获得更加专业、全面的网店装修效果和更高的转化率，这两个模块仍是必不可少的部分。与首页其他模块的设计相比，收藏与客服区的设计较为自由，并没有严格的尺寸要求，但其风格仍应与页面整体风格一致。

3.3.1 设计要点

收藏区在网店首页的装修中至关重要，当顾客对店铺的商品感兴趣时，恰到好处的收藏区设计可以促使顾客收藏店铺，为顾客再次光临网店提供入口，增加网店的浏览量和回购率。因此，在很多网店的首页中，会在

不同部位设计多个不同外观的收藏区来多次提示顾客及时收藏店铺。左图所示分别为在店招中和网店首页底部添加收藏区的设计效果。

网店的客服就好像实体店铺中的售货员，承担着导购促销、答疑解惑等职能。在网店首页中添加客服区，可以为顾客联系客服提供一个快捷入口，为网店的服务加分，同时提高顾客的成交率和回头率。

无论是收藏区还是客服区，其设计风格都是与网店首页的整体风格息息相关的，网店首页是什么风格，那么收藏区和客服区就应该遵循这样的设计风格，才能让整个网店首页看起来协调、统一，体现出店铺的专业性。

在设计收藏区的过程中，为了增强顾客的收藏兴趣，很多时候会在收藏区中添加优惠信息，以激发顾客对店铺的兴趣，提高店铺的收藏量，如下图所示。但是在设计和添加这些信息时要注意方法，一定不能喧宾夺主，最好通过字体的大小来突显主次关系。

设计客服区最重要的就是要体现出客服的专业和热情。除了使用整齐排列的旺旺图标外，还可以使用俏皮的卡通头像等更个性化的图片来增添亲和力，拉近顾客与客服之间的距离，激发顾客的咨询欲望。

在收藏区添加多项优惠信息

3.3.2 收藏区设计

本案例是为某店铺设计的收藏区,制作中使用可爱的卡通形象来拉近顾客与店铺之间的距离,增添画面的亲切感,画面整体色调统一,让顾客的视觉体验更加舒适,更容易得到顾客的认可。此外,在文字的设计上利用字体和大小的变化来制造出一定的层次感和主次感,使得画面中的重点信息更加突出。

素材　实例文件 \03\ 素材 \10.jpg、11.ai
源文件　实例文件 \03\ 源文件 \ 收藏区设计 .psd

01 设计要点分析

本案例将优惠券信息添加在画面中,提高顾客的兴趣,并通过卡通形象的修饰,让整个画面更富有乐趣,而浅浅的底纹又增加了画面的精致感,错落有致的文字让收藏区的信息更加主次分明,整个画面色调和谐而统一,避免了色彩杂乱产生的刺目感。

02 配色分析

本案例的配色主要是依据卡通形象的色彩来展开的,整个画面以浅棕色为主要色调,而棕色常常令人联想到泥土、自然、简朴,给人可靠的感觉。这样的配色不仅可以营造出温暖的怀旧情愫,而且能让顾客觉得很亲切从而产生信任感。

03 案例步骤解析

01 启动Photoshop,新建一个文档,为"背景"图层填充黑色,再新建"图层1"图层,为其填充R237、G189、B121的颜色。

02 将花纹素材10.jpg添加到画面中,得到"图层2",调整花纹大小至铺满画面,设置图层混合模式为"正片叠底"、"不透明度"为10%。

03 使用"横排文字工具"输入收藏区的标题文字,利用"字符"面板对文字的字体、颜色和字号等进行设置,将文字放在适当的位置,在图像窗口中可以看到编辑后的效果。

04 创建"标题"图层组,将编辑完成的文字图层拖动到其中,双击该图层组,在打开的"图层样式"对话框中勾选"投影"复选框,并对选项进行设置,增强文字的层次感。

05 选择工具箱中的"矩形工具",在图像窗口中单击并拖动,绘制出三个矩形,并移至适当的位置,作为优惠券和收藏按钮的背景。创建"矩形"图层组,将绘制后得到的三个图层拖动到图层组中。

06 双击"矩形"图层组,在打开的"图层样式"对话框中勾选"描边"和"渐变叠加"复选框,并在相应的选项卡中对各个选项的参数进行设置,为这些矩形添加"描边"和"渐变叠加"样式,在图像窗口中可以看到编辑后矩形的视觉效果与整个画面色调一致。

 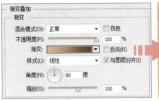 

07 使用"横排文字工具"输入优惠券的文字,利用"字符"面板对文字的字体、颜色和字号等进行设置,并将文字放在适当的位置,在图像窗口中可以看到编辑后的效果。

08 双击文字图层,在打开的"图层样式"对话框中为文字应用"描边"和"渐变叠加"样式,在相应的选项卡中对各个选项的参数进行设置,在图像窗口中可以看到编辑后的效果。

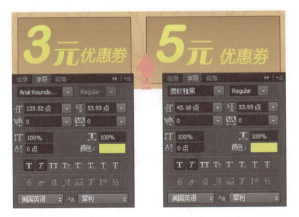 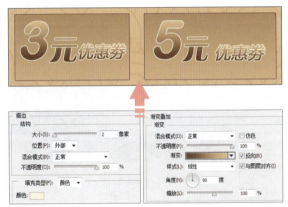

09 使用"横排文字工具"输入"(单独收藏店铺可领3元优惠券)"和"(收藏并加旺旺群可领5元优惠券)"的文字,说明优惠券的领取方式,利用"字符"面板对文字的字体、颜色和字号等进行设置,并把文字放在适当的位置。

10 使用"横排文字工具"输入收藏按钮的文字，利用"字符"面板对文字的字体、颜色和字号等进行设置，接着利用右键快捷菜单复制"3元优惠券"文字图层的图层样式，然后粘贴到收藏按钮的文字图层中，为这些文字应用相同的图层样式效果。

11 使用"横排文字工具"输入"点击收藏本店"的文字，利用"字符"面板设置文字的字体、颜色和字号等，再为该文字图层应用"投影"图层样式。

12 选择"钢笔工具"绘制出箭头形状，填充上与右侧文字相同的颜色，并将文字所应用的"投影"图层样式复制粘贴到该图层，在图像窗口中可以看到编辑后的效果。

13 将卡通图像素材11.ai置入文件中，在打开的"置入PDF"对话框中单击"确定"按钮，接着对素材的大小和位置进行调整。至此本案例制作完成。

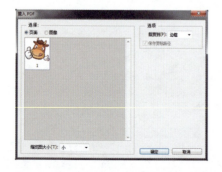 

3.3.3 客服区设计

本案例是为某店铺设计的客服区,设计中把代表理智的蓝色作为主色调,表现出客服的沉稳和专业,修饰元素上采用了局部展示的耳麦图像进行辅助表现,用客服的办公工具来突显客服的专业形象,并通过整齐排列的文字和旺旺头像来营造出视觉上的工整感。

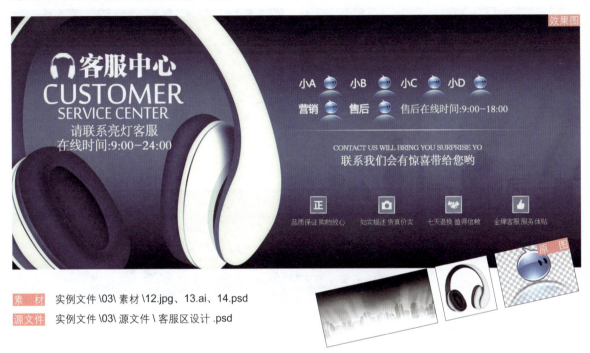

| 素 材 | 实例文件 \03\ 素材 \12.jpg、13.ai、14.psd |
| 源文件 | 实例文件 \03\ 源文件 \ 客服区设计 .psd |

01 设计要点分析

耳麦是人们印象中客服常用的办公工具,在设计本案例的过程中,用耳麦作为主要的表现对象,直观地传递出该区域的功能和作用。通过耳麦图像对画面进行自然的分割,左侧放置标题文字,右侧放置客服图标,并通过统一的蓝色调来提升客服的可信赖感。

02 配色分析

蓝色代表了理性、冷静和沉稳,在本案例中主要使用了蓝色调进行配色,让画面的色彩提升客服的形象,让顾客能够对客服产生信任。

03 案例步骤解析

01 启动Photoshop，新建一个文档，在工具箱中设置前景色为R51、G51、B51，按下快捷键Alt+Delete，将"背景"图层填充上前景色。

02 将建筑图像素材12.jpg添加到图像窗口中，适当调整素材图像的大小，使其铺满整个画布，在"图层"面板中设置其混合模式为"叠加"。

03 创建"渐变填充1"填充图层，在打开的"渐变填充"对话框中对各个选项进行设置，将画面的底部变暗，在图像窗口中可以看到编辑后的效果。

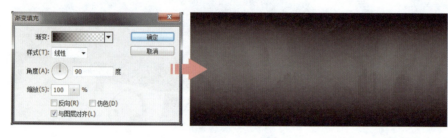

04 执行"文件>置入"菜单命令，打开"置入"对话框，在其中选择耳机图像素材13.ai，并在"置入PDF"对话框中直接单击"确定"按钮，置入耳机图像，然后适当调整其大小和角度。

05 选择"横排文字工具"，在画面适当位置单击，输入客服区的标题文字，利用"字符"面板设置文字的字体、字号、字间距和颜色等属性，最后用"钢笔工具"绘制出耳麦图标作为点缀。

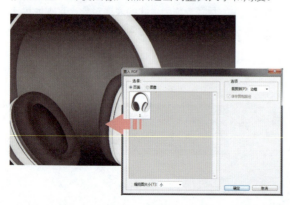

06 将旺旺头像素材14.psd置入当前文件中，适当调整其大小和位置，接着对旺旺头像进行复制，按照一定的间隔均匀摆放，在图像窗口中可以看到编辑后的效果。

07 选择"横排文字工具"为旺旺头像添加相应的客服名称，利用"字符"面板对文字的属性进行设置，并将每个名称放在相应的旺旺头像左侧，在图像窗口中可以看到编辑后的效果。

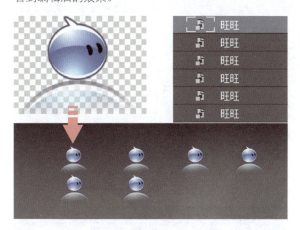
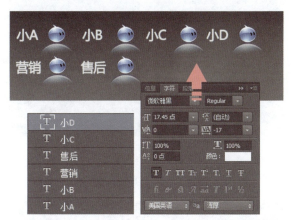

08 继续使用"横排文字工具"在画面右侧的适当位置单击，输入"品质保证 购物放心 如实描述 货真价实 七天退换 值得信赖 金牌客服 服务体贴"的文字，利用"字符"面板对文字的字体、字号、字间距和颜色等进行设置。

09 使用"矩形工具"和"钢笔工具"绘制出四个图标，为每个部分填充相应的颜色，将每个图标都合并在一个图层中，得到"01""02""03""04"图层，把图标放在相应的每组文字的上方，在图像窗口中可以看到编辑后的效果。

10 选择工具箱中的"横排文字工具",在画面右侧的适当位置单击,输入所需的文字,利用"字符"面板对文字的字体、字号、字间距和颜色等进行设置,并将文字放在合适的位置,在图像窗口中可以看到添加文字后的效果。

11 使用"矩形工具"绘制一个白色的矩形条,无描边色,接着为该图层添加上图层蒙版,使用"渐变工具"编辑蒙版,让矩形条两端呈现出渐隐效果。

技巧

若要创建隐藏整个图层的蒙版,即创建黑色的图层蒙版,可以按住 Alt 键并单击"图层"面板底部的"添加图层蒙版"按钮,或执行"图层>图层蒙版>隐藏全部"菜单命令。

12 创建"色彩平衡1"调整图层,在打开的"属性"面板中设置"中间调"选项下的颜色值分别为 -32、+4、+100,接着选择"色调"下拉列表中的"高光"选项,设置该选项下的颜色值分别为 -3、+1、-33,对画面的颜色进行整体调整。至此本案例制作完成。

妙招　快速制作简约大气的欢迎模块

在浏览众多网店的首页时,会发现很多网店的欢迎模块简约而大气,不仅将商品的形象呈现得非常完美,而且海报的文字信息设计得美观大方。经过对比和总结可以发现,这些欢迎模块都包含三个相同的设计元素:多文字组合的标题 + 形象完整的商品 + 绚丽的背景。

将多文字组合的标题、形象完整的商品和绚丽的背景合理地组合在一个画面中,再通过合理的调色统一画面的色调,就可以轻松地制作出一幅简约大气的欢迎模块。下面对本章中的两个案例进行解析,如下图所示。

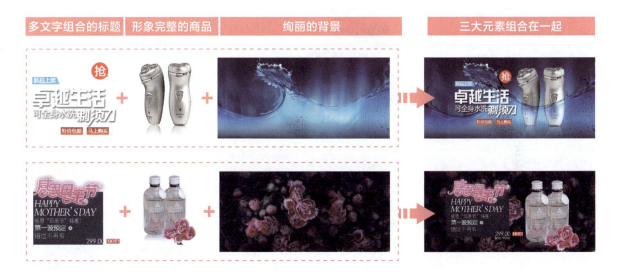

01 多文字组合的标题

在设计欢迎模块的文字部分时,可以通过变化字体和字号、添加修饰图形和图像等方式来增强文字的观赏性和设计感。在平时也可以收集一些风格各异的标题文字,在设计中作为参考。如下图所示为三组不同的标题文字设计,它们针对不同的主题,分别使用了不同的修饰图形和配色。

02 形象完整的商品

形象完整的商品,就是指商品图像呈现出来的色彩、光泽等都和商品的真实形象一致,在某些时候甚至会通过后期的处理让商品的色泽、外观和细节等变得更加细腻,力求真实且完美地展现出商品的特点。要注意的是,不同材质的商品在后期的处理上会有所不同。

如下图所示分别为保温杯、相机和戒指的商品形象,设计师在将商品图像抠取出来之后,还对图像的细节、瑕疵等进行修饰和处理,并通过调色使其色彩与真实商品的色泽一致,最后还使用Photoshop的锐化功能让图像变得清晰,这样高画质的商品形象在欢迎模块的设计中才能更好地表现出店铺的品质。

保温杯商品形象

相机商品形象

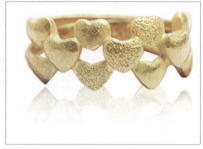
戒指商品形象

03 绚丽的背景

欢迎模块的背景会直接影响整个欢迎模块的氛围,不同的主题应使用不同的背景,而商品的受众性格也会影响背景的选择。

例如,需要设计以圣诞节为主题的欢迎模块时,会选择与圣诞节相关的元素和色彩作为欢迎模块的背景;如果要设计与儿童商品相关的欢迎模块,则会选择色彩明亮、内容可爱的卡通绘图作为背景。如右图和下图所示分别为不同色调、内容和风格的背景,在具体的欢迎模块的设计中,背景的选择还会受到商品的色彩、文字的风格等因素的影响。

光斑溶图背景

以卡通为主题的背景

以真实材质为背景

第4章 商品详情——精准地抓住顾客的眼球

当顾客进入单个商品的详情页时，会有针对性地了解与这个商品相关的信息，包括商品的优惠活动、整体形象、局部细节、售后服务等，通过这些信息，顾客才能做出是否下单购买的判断。除了要提供这些信息之外，商品详情页还会包含侧边商品分类栏、商品搭配模块，它们的作用是对顾客的浏览行为进行引导和刺激，以激发顾客的购买欲。商品详情页各部分的设计重点不同，本章将通过具体的案例，对商品详情页中有代表性的部分进行讲解。

本章重点

- 形象——橱窗展示
- 系统——商品分类
- 推荐——商品搭配专区
- 详情——商品细节展示

4.1 形象——橱窗展示

商品的橱窗照是位于商品详情页顶部左侧的图片,它是每个商品的第一个展厅,作用是在顾客心目中为商品塑造良好的第一印象。橱窗照以销售的商品为表现主体,巧妙应用布景、道具,以背景画面装饰为衬托,配合以合适的色彩和文字说明,是一种集商品介绍和宣传为一体的综合性广告艺术形式。

4.1.1 设计要点

顾客在进入单个商品的详情页,或者在电商平台中搜索某类商品时,首先接触到的就是商品的橱窗照,所以,橱窗照的设计效果对顾客的消费心理有重要的影响。

在网店装修中,橱窗照的设计甚至比网店首页的设计还重要,它的设计既要突显出商品的特色,又要迎合顾客的心理行为和消费需求,既要让顾客看了之后感到美观和舒适,还要让顾客对商品产生向往之情。优秀的商品橱窗照不仅能起到展示商品、引导消费、促进销售的作用,甚至可以成为吸引顾客的艺术佳作。

以淘宝网为例,橱窗照的标准设计尺寸为500像素×500像素,按照设计的内容可以分为两种类型:一种是特效合成类,主要通过为商品图像添加修饰素材,打造出绚丽的画面效果,多用于对单个商品的形象进行表现,如下左图所示;另一种是综合表现类,它会将商品的多种状态、型号或色彩在一个画面中表现出来,并且在画面中添加描述商品特点的文字信息,辅助商品的表现,如下右图所示。

将炫光素材与鼠标合成在一起,制作出光彩炫动的画面,提升商品形象

特效合成类

陈列展示保温杯不同色彩的形象,并添加文字进行辅助说明

综合表现类

橱窗照的设计没有固定的要求,目前电商平台上橱窗照的设计也是五花八门,例如,很多卖家喜欢在橱窗照中突显包邮、特价、赠品等信息,认为这样可以更好地吸引顾客;而有的卖家则另辟蹊径,以反主流的设计方式制造噱头。其实,只要能够吸引并打动顾客单击橱窗照进入商品详情页,橱窗照就起到了它的作用。

4.1.2　特效合成类的橱窗展示设计

本案例是为某品牌的鼠标设计的橱窗照。在设计的过程中抓住鼠标在外观设计上的特点，在画面中添加绚丽的拖尾光，通过后期合成技术打造流光溢彩的画面效果，同时塑造出鼠标高品质、高科技的形象，给顾客带来视觉上的享受，更加容易得到顾客的青睐。

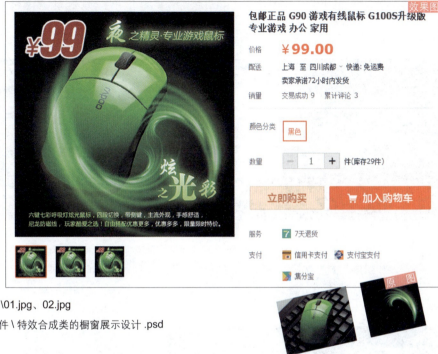

素　材　实例文件 \04\ 素材 \01.jpg、02.jpg
源文件　实例文件 \04\ 源文件 \ 特效合成类的橱窗展示设计 .psd

01 设计要点分析

本案例中的鼠标的最大特点是可以发出光亮，为了展示出点击鼠标过程中发出的光亮，设计橱窗照时通过合成绿色的拖尾光素材来制作出特效，让整个橱窗照显得绚丽夺目，给顾客带来视觉上的冲击。此外，在设计文字时，通过"渐变叠加""外发光"等图层样式来配合画面色彩和光线的表现，使得整个画面的风格协调而统一，表现出较强的设计感。

02 配色分析

由于案例中的鼠标色彩为绿色，因此选择了绿色的拖尾光素材，明度层次清晰的绿色光线除了让画面色调统一以外，还营造出一种神秘感。除了绿色之外，画面中的商品价格使用了暗红色进行搭配，这种强烈的色相对比使得价格信息更加突出，有利于顾客第一时间留意到商品在价格上的优势。

03 案例步骤解析

01 启动Photoshop，新建一个文档，将"背景"图层填充为黑色。创建"渐变填充1"图层，在打开的对话框中设置参数。

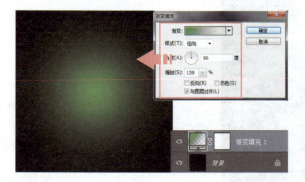

02 将鼠标图像素材01.jpg添加到图像窗口中，使用"钢笔工具"沿着鼠标绘制闭合路径，通过"路径"面板将绘制的路径转换为选区。

03 创建选区后，单击"图层"面板底部的"添加图层蒙版"按钮，基于选区创建图层蒙版，将鼠标图像抠取出来，并将抠取的鼠标图像放在适当的位置。

04 将鼠标图像添加到选区中，创建"色阶1"调整图层，在打开的"属性"面板中设置RGB选项下的色阶值为4、1.11、233，调整鼠标图像的亮度和层次。

05 按下快捷键Ctrl+Alt+Shift+E，盖印可见图层，得到"图层1"图层，将其转换为智能对象图层，执行"滤镜＞锐化＞USM锐化"菜单命令，在打开的"USM锐化"对话框中设置"数量"为100%、"半径"为1.5像素、"阈值"为0色阶，确认设置后，可以看到鼠标的细节更加清晰。

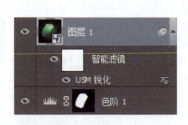

06 执行"滤镜>杂色>减少杂色"菜单命令，在打开的"减少杂色"对话框中设置"强度"为2、"保留细节"为28%、"减少杂色"为71%、"锐化细节"为0%，去除画面中的杂色。

07 将光线素材02.jpg添加到图像窗口中，适当调整光线图像的大小，在"图层"面板中设置其混合模式为"滤色"，并为其添加图层蒙版，使用"画笔工具"对蒙版进行编辑。

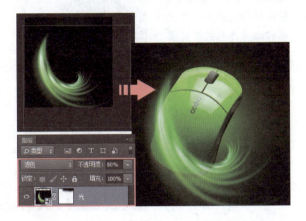

08 使用"横排文字工具"在适当的位置添加所需文字，并使用"渐变叠加"和"外发光"图层样式对文字进行修饰，在图像窗口中可以看到编辑后的效果。

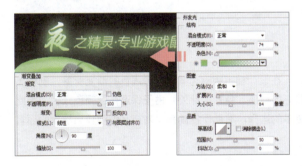

09 继续使用"横排文字工具"在画面中添加其他文字，设置好文字的字体、字号等，并使用"渐变叠加""外发光"图层样式对文字进行修饰，在图像窗口中可以看到编辑后的效果。

10 使用"横排文字工具"在画面左上角的适当位置添加鼠标的价格，设置好文字的字体和字号，接着使用"描边"图层样式对文字进行修饰。至此本案例制作完成。

4.1.3 综合表现类的橱窗展示设计

本案例是为某品牌的保温杯设计的橱窗照。在设计的过程中，通过多种颜色商品的并列展示来表现保温杯丰富的外观设计，让顾客知道有较大的选择空间，同时利用文字突出说明保温杯的最大优点，最后使用边框来增强画面的集中性，使其更容易引起顾客的注意。

| 素 材 | 实例文件 \04\ 素材 \03.jpg |
| 源文件 | 实例文件 \04\ 源文件 \ 综合表现类的橱窗展示设计 .psd |

01 设计要点分析

本案例中的保温杯外观为磨砂质感的金属材质，因此，在设计橱窗照时为其添加了浅色的渐变背景，制作出自然光线照射的效果，这样的设计能够真实地表现出保温杯的材质和色彩。此外，由于保温杯的颜色众多，因此选择将多种颜色的保温杯展示在一个画面中，给予顾客更多的选择，有助于提高那些对商品外观较为挑剔的顾客对商品的兴趣。

02 配色分析

本案例在设计中将多种颜色的保温杯组合在一个画面中，使得橱窗照表现出多姿多彩的视觉效果。由于画面中的暗红色保温杯面积较大，因此将其作为主打色彩进行突出表现，让红色成为画面的主要色调，烘托出热情、欢快的气氛，与保温杯的特征相互呼应。

03 案例步骤解析

01 启动Photoshop，新建一个文档，将"背景"图层填充为白色。创建"渐变填充1"图层，在打开的"渐变填充"对话框中对各个选项的参数进行设置，设置完毕后单击"确定"按钮，创建浅色的渐变背景。

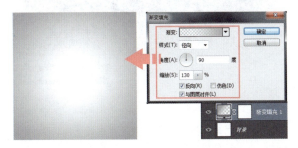

02 将保温杯图像素材03.jpg添加到图像窗口中，使用"钢笔工具"沿着保温杯图像的边缘绘制闭合路径，接着按下快捷键Ctrl+Enter，把路径转换为选区，再以选区为基准创建图层蒙版，把保温杯图像抠选出来。

03 将保温杯图像再次添加到选区中，为选区创建"曲线1"调整图层，在打开的"属性"面板中调整曲线的形状，接着使用黑色的"画笔工具"编辑图层蒙版，只对部分图像进行影调调整。

04 复制并合并"保温杯"图层和"曲线1"调整图层，重命名图层为"倒影"，调整图层顺序后垂直翻转图像，为该图层添加图层蒙版，使用"渐变工具"编辑图层蒙版，制作出倒影效果。

05 再次复制并合并"保温杯"图层和"曲线1"调整图层，重命名图层为"图层1"，适当调整该图层中保温杯图像的大小，将其添加到选区中，为选区创建"色相/饱和度1"调整图层，在打开的"属性"面板中设置"全图"选项下的"色相"为+90，改变保温杯的颜色。

06 对"图层1"进行两次复制，得到相应的拷贝图层，调整复制出的两个保温杯图像的位置，同样使用"色相/饱和度"调整图层改变两个保温杯图像的颜色。

07 复制并合并"图层1"及相关的拷贝图层和调整图层，将合并得到的图层重命名为"倒影"，将图像垂直翻转，添加图层蒙版后用"渐变工具"编辑蒙版，制作出倒影效果。

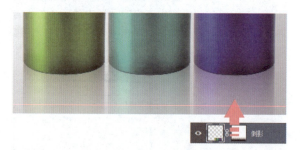

08 使用"横排文字工具""圆角矩形工具"和"自定形状工具"为图像添加所需的文字和形状，分别为各个元素填充适当颜色，并使用"投影"图层样式对部分元素进行修饰。

09 按下快捷键Ctrl+A将全图选中，接着使用"矩形选框工具"对选区进行删减，制作出线框的选区效果，新建图层，命名为"边框"，为选区填充上R146、G41、B63的颜色，并设置混合模式为"颜色加深"。

10 按下快捷键Ctrl+Shift+Alt+E，盖印可见图层，得到"图层2"图层，将其转换为智能对象图层，执行"滤镜>锐化>USM锐化"菜单命令，在打开的"USM锐化"对话框中设置"数量"为100%、"半径"为1.5像素、"阈值"为0色阶，确认设置后，在图像窗口中可以看到保温杯的细节更加清晰。至此本案例制作完成。

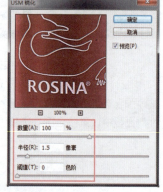

4.2 系统——商品分类

商品分类栏在网店中的作用就好像实体店铺中的商品分类指示牌和导购员。分类清晰、井井有条的商品分类可以让顾客很容易找到想要的商品，获得流畅的购物体验，尤其商品种类繁多时，其作用更为突出。

4.2.1 设计要点

商品分类栏通常位于网店页面左侧，其设计形式可以是纯文本、纯图片或两者的结合。通常用图文结合的方式设计，视觉效果更精美，能为店铺增色不少。如左图所示为某腕表详情页中商品分类栏的位置。

以淘宝网为例，商品分类栏的最大宽度是 160 像素，高度不限，文件的格式可以是 JPG 格式图片或 GIF 格式动画。如下图所示为两种典型的商品分类栏设计，一种使用图片来提示商品的类别，另一种通过色彩的反差来区分不同的商品类别。

值得注意的是，如果在淘宝网中对商品分类进行设计，由于其本身不提供分类图片上传空间，因此需要先设计好分类图片，上传到淘宝相册空间或其他相册空间，然后链接图片地址。

商品分类栏的设计要注意色调和风格的把握。由于商品分类栏会出现在每个商品详情页，因此在配色和风格上要与网店的整体装修风格或商品的整体形象一致，才能使商品详情页呈现出统一的视觉效果。此外，由于商品分类栏是顾客最常关注的区域之一，还可以在商品分类栏的上方或下方添加辅助信息，如商品销售排名、客服区、收藏区等，让顾客在浏览商品分类的同时顺带了解到更多店铺信息。

4.2.2 炫彩风格的商品分类设计

本案例是为某旅行箱包店铺设计的商品分类栏，在设计的过程中使用简洁的色块对商品类别进行表现，让顾客能够一目了然地识别出不同类别的商品，同时搭配上外形方正的字体，使得整个商品分类栏的风格保持一致。在顶端用小巧而精致的箱包剪影图标作为点缀，体现出细节上的专业。

素　材	无
源文件	实例文件 \04\ 源文件 \ 炫彩风格的商品分类设计 .psd

01 设计要点分析

在本案例的设计中，使用了纯色的色块来对商品分类栏中的不同商品类别进行表现。纯色的色块具有醒目的特点，这样的设计可以缩短顾客浏览和查找的时间，给顾客的阅读体验加分。此外，分类栏中箱包剪影图标和"HOT"（热销）字样的添加，也让整个设计显得精致和完美，表现出充实和绚丽的感觉。

箱包剪影图标

热销款式提示

02 配色分析

本案例是为旅行箱包店铺设计的商品分类栏。在大多数顾客的印象中，箱包的色彩都是极为丰富，而且箱包设计者通常会为箱包应用高纯度和高明度的色彩，以烘托出旅途中轻松、愉悦的心情。因此，在本案例的设计过程中，将箱包丰富的色彩融入绘制的形状中，通过不同色相的色块来体现出不同商品类别之间的差异，让顾客浏览起来更加享受，营造出充满活力、活泼欢跃的氛围，有助于提高画面的观赏性。

03 案例步骤解析

01 启动Photoshop，新建一个文档，在工具箱中设置前景色为R23、G42、B136，按下快捷键Alt+Delete，将"背景"图层填充上前景色。接着绘制一个矩形，填充上适当的颜色，无描边色。

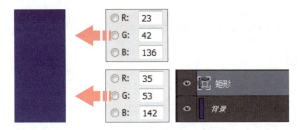

02 使用"横排文字工具"在适当的位置添加所需的文字，利用"字符"面板分别调整不同文字的大小，区分文字的主次，在图像窗口中可以看到编辑后的效果。

03 新建图层，命名为"箱包"，使用"钢笔工具"在适当的位置绘制出箱包剪影的形状，为绘制的形状填充白色，在图像窗口中可以看到编辑后的效果。

04 选择工具箱中的"矩形工具"，绘制出若干个矩形，分别为每个矩形填充上不同的颜色，无描边色。接着将这些矩形居中对齐，放在适当的位置，作为分类栏的次级分类标题，在图像窗口中可以看到编辑后的效果。

05 使用"横排文字工具"在次级分类标题的矩形上添加所需的文字，利用"字符"面板对文字的属性进行设置，调整文字的颜色为白色，在图像窗口中可以看到编辑后的效果。

06 使用"横排文字工具"继续为分类栏添加文字，并添加"HOT"字样来提示较为热销的分类，在图像窗口中可以看到编辑后的效果。至此本案例制作完成。

4.2.3　单色风格的商品分类设计

本案例是为某服饰店铺设计的商品分类栏，由于页面中的主体对象是色彩丰富的服饰商品，从页面的整体视觉效果出发，对商品分类栏使用灰度的色彩进行单色风格的简洁配色，形成一定的视觉反差，以让服饰商品更加突出。此外，在每种服饰大类的前面都添加了相应的剪影图像，让分类表现得更加形象生动。

素　材　无

源文件　实例文件 \04\ 源文件 \ 单色风格的商品分类设计 .psd

01　设计要点分析

本案例是为某服饰店铺设计的商品分类栏。在设计的过程中根据服饰的类别划分出商品分组，利用服饰的剪影图像来塑造该类别中商品的形象，再通过线条对每组信息进行分割，顶部和底部使用黑色矩形块来让画面具有较强的视觉集中性。单纯、简洁的设计使得该商品分类栏可以适配多种设计风格的商品详情页。

服饰剪影图像让商品分类更形象，中英文对照的文字编排提升了整体的档次

02　配色分析

本案例的配色采用了不同的灰度色彩，这种无彩色的搭配让设计出的商品分类栏能够适配各种风格的商品详情页，因为无彩色是一种表现力最扎实、最完整，在所有配色中最无疑问的配色方法。黑、灰、白的搭配看似不起眼，却很经典，如果搭配得当，很容易就能营造出高级感，轻松地提升整个画面的档次，非常适合前卫、个性风格的服饰店铺使用。

专家提点

线条包含着多种多样的审美因子，有强弱、粗细、穿插、节奏等变化。线条永远是设计者最原创、最得力的伙伴，它既能准确地塑造出各种各样的形体，又能表现不同体积的空间感。合理地应用线条来修饰画面中的文字或图像，可以得到很好的设计效果。

03 案例步骤解析

01 启动Photoshop，新建一个文档，使用"矩形工具"绘制一个黑色的矩形，接着用"横排文字工具"添加所需的文字。

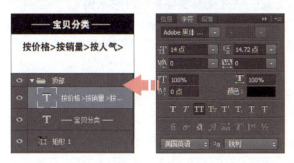

02 使用"矩形工具"绘制灰色矩形，并用"钢笔工具"绘制黑色的外套剪影，将两个图形组合在一起，放在适当位置，在下方添加黑色线条。

03 选择工具箱中的"横排文字工具"，在适当的位置添加所需的文字，利用"字符"面板设置文字的字体、字号和字间距等，并调整文字的颜色为黑色，最后使用图层组对图层进行分类管理。

 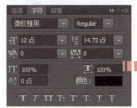  

04 参考前面的编辑方法，在画面中绘制出其余剪影，使用"横排文字工具"添加相应的文字，并绘制黑色的线条对信息进行分割，在图像窗口中可以看到编辑后的效果。

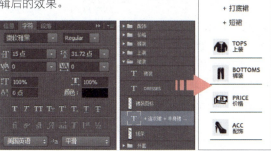

05 使用"矩形工具"绘制出黑色的矩形，放在画面的底部，接着绘制出白色的正方形，并使用"横排文字工具"在适当的位置添加文字，利用"字符"面板设置文字的字体、字号和颜色等信息，在图像窗口中可以看到编辑后的效果，最后使用图层组对图层进行分类管理。至此本案例制作完成。

4.3 推荐——商品搭配专区

为网店策划活动如今成了每个网店的必备促销手段。然而如果做活动只是为了推广一件商品,那么火的只是这一件商品,对于店铺的整体销售来说没有多大促进。而在搭配销售上花心思,才能"以点带面",拉动整个店铺的销售增长。商品搭配专区就是商品详情页中展示商品组合套餐的区域,其作用是增加商品曝光度,提高店铺的客单价。

4.3.1 设计要点

在网店装修过程中,商品搭配专区通常会放在当前商品详情内容之前,但设计内容不会太多,因为过多的搭配内容会让当前商品详情的展示变得滞后,削弱顾客对目标商品的关注度。因此,在设计商品搭配专区时一定要把握住设计尺寸的"度",既要吸引顾客对搭配商品产生兴趣,又不能影响当前商品详情的展示。

通常情况下,会将商品搭配专区做成一个专题。如果商品的类别、风格够齐全,可以分屏设计不同的风格,例如第一屏做"明星"商品的组合,第二屏做某个色系的组合,第三屏做休闲风格的组合等。同时可以搭配一定的文案,延长顾客在页面停留的时间。商品搭配专区的风格要与商品的形象和风格保持一致,才能更好地辅助商品的表现,如下图所示为两个不同风格的商品搭配专区设计。

在商品详情页中添加商品搭配套餐的促销方式现在已经相当普遍,但是很多卖家不懂得其中的促销技巧,只是根据自己的直觉或商品库存来设置,往往搭配很不合理或缺乏打动顾客的价格优势。在设计搭配套餐时,首先要考虑商品的特点,例如,服饰店铺的搭配套餐可以考虑不同款式的上衣与裤子如何搭配会更吸引人;其次,套餐价的设定也很重要,可以在其中高价位商品的促销价基础上加上几块钱作为套餐价,让顾客在心理上感觉另外一件商品相当于送的或换购的;最后,一款商品不要设置太多搭配套餐,最少两个,最多五个,让主推商品发挥最大的引导作用。

4.3.2　冷酷风格的商品搭配专区设计

本案例是为某品牌的相机和镜头设计的商品搭配专区。在设计中使用较为暗沉的色彩搭配,通过白色文字和暗蓝色背景的反差来突显文字信息,用原价与组合价对比的方式表现出套餐组合的价格优势,同时利用箭头作为背景进行视觉引导,而阴影效果的添加增强了画面的层次感。

素　材　实例文件 \04\ 素材 \04.jpg ～ 06.jpg
源文件　实例文件 \04\ 源文件 \ 冷酷风格的商品搭配专区设计 .psd

01　设计要点分析

本案例是为数码产品设计的商品搭配专区。在设计中以数学算式的形式将套餐中的数码产品做"相加"展示,通过等号显示出组合后的价格,利用原价与组合价对比的形式来突显优惠力度。此外,使用箭头形状作为套餐的背景,不仅可以让信息的分组表现更加清晰,而且可以引导顾客的视线看向价格信息。

02　配色分析

鉴于数码产品本身的色彩较暗,在本案例的配色中使用了与之明度相似的暗蓝色作为背景,将文字设计为白色以与背景色彩形成强烈的反差,让套餐的折扣价格更加突出和醒目,清晰的加号、等号的配色也使得画面逻辑关系更清晰。

03 案例步骤解析

01 启动Photoshop，新建一个文档，设置前景色为黑色，接着按下快捷键Alt+Delete，将"背景"图层填充为黑色。

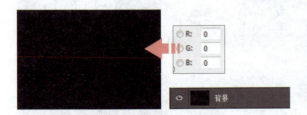

02 使用"矩形选框工具"创建矩形选区，再新建图层，命名为"背景"，为选区填充上R0、G26、B47的颜色，在图像窗口中可以看到编辑后的效果。

03 使用"钢笔工具"绘制出梯形的形状，填充上适当的颜色，放在画面中适当的位置，并通过创建剪贴蒙版的方式对其显示范围进行控制，在图像窗口中可以看到编辑后的效果。

04 选择"横排文字工具"在适当的位置单击，输入"套餐一"，利用"字符"面板对文字的字体、字号和颜色等属性进行设置，并适当旋转文字的角度，放在画面中适当的位置。

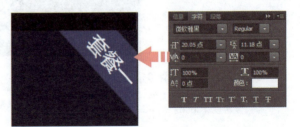

05 使用"钢笔工具"绘制出三角形的形状，填充上R0、G73、B134的颜色，并使用"投影"图层样式对三角形进行修饰，在图像窗口中可以看到编辑后的效果。

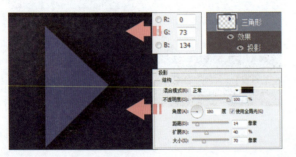

06 使用"钢笔工具"绘制出矩形的形状，填充上R0、G73、B134的颜色，接着将其与前面绘制的三角形组合成箭头形状，微调形状的距离，在图像窗口中可以看到编辑后的效果。

07 选择"横排文字工具"在适当的位置单击,输入加号和等号,利用"字符"面板对文字的属性进行设置,调整文字的颜色为白色,在图像窗口中可以看到编辑后的效果。

08 继续使用"横排文字工具"在画面中添加价格信息等文字,并适当添加"投影"图层样式进行修饰。使用"圆角矩形工具"和"钢笔工具"绘制出修饰形状。

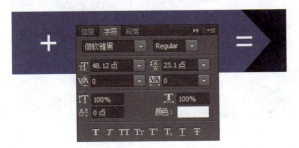
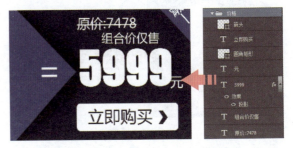

09 将镜头图像素材05.jpg添加到图像窗口中,适当调整其大小,放在合适的位置。接着使用"钢笔工具"沿着镜头图像的外形轮廓绘制路径,再通过"路径"面板将绘制的路径转换为选区。创建选区后,为该图层添加图层蒙版,将镜头图像抠选出来。使用"横排文字工具"在镜头图像下方输入镜头参数。

10 创建"色阶1"调整图层,在打开的"属性"面板中设置RGB选项下的色阶值分别为195、0.55、255。将该调整图层的蒙版填充上黑色,再将镜头添加到选区,使用白色的"画笔工具"对选区中的蒙版进行编辑。

11 将前面编辑的图层添加到创建的图层组"搭配1"中,复制图层组后调整组中图像的位置,作为第二组套餐。添加镜头图像素材06.jpg至复制的图层组进行替换,并相应修改第二组套餐的文字内容,在图像窗口中可以看到编辑后的效果。

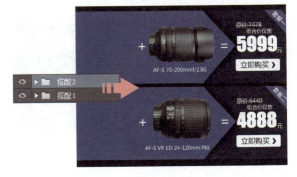

12 将相机图像素材04.jpg添加到图像窗口中，适当调整图像的角度和大小，接着选择工具箱中的"磁性套索工具"，在相机图像的边缘单击添加锚点，用鼠标沿着相机图像的轮廓移动，Photoshop会根据鼠标运动的轨迹自动添加锚点，当最后一个锚点与第一个锚点重合时，即可将相机添加到选区中。

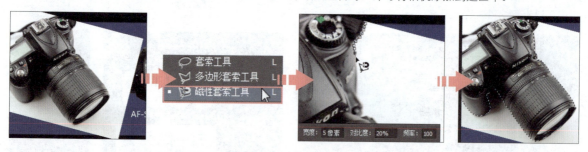

13 基于选区为相机图层添加图层蒙版，双击图层蒙版缩览图，打开"属性"面板，在面板中单击"蒙版边缘"按钮，在打开的"调整蒙版"对话框中适当设置参数，调整抠取图像的精度。若为Photoshop CC 2015.5及以上版本，则单击"选择并遮住"按钮，进入"选择并遮住"工作区进行调整。

14 创建"色阶3"调整图层，设置RGB选项下的色阶值分别为0、0.30、255。将该调整图层的蒙版填充上黑色，再将相机图像添加到选区，使用白色的"画笔工具"编辑选区中的蒙版。

15 复制编辑后的相机并移动到适当位置，接着盖印可见图层，得到"图层1"，将其转换为智能对象图层，使用"USM锐化"滤镜对其进行锐化处理，让细节更加清晰。至此本案例制作完成。

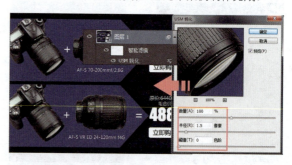

4.3.3　清爽风格的商品搭配专区设计

本案例是为某品牌的女式童装设计的商品搭配专区，考虑到女童天真、可爱、活泼的形象，在设计的过程中使用了多种色彩来营造出活力四射的氛围，采用女童模特穿着服装的图像来表现商品，通过对套餐进行简明扼要的介绍来激发顾客的兴趣。

素　材	实例文件 \04\ 素材 \07.jpg ～ 13.jpg
源文件	实例文件 \04\ 源文件 \ 清爽风格的商品搭配专区设计 .psd

效果图

原图

01　设计要点分析

本案例设计的是女式童装的商品搭配专区。商品照片素材为模特展示效果，在设计过程中将模特图像抠取出来放在统一的背景中，让画面整体风格看起来更和谐。同时使用艺术化的标题和简明扼要的套餐说明文字，让该区域的视觉表现更具设计感，也更容易引起顾客的注意和兴趣。

02　配色分析

本案例的配色要从两个方面来分析：一个是画面背景和文字的设计配色，另一个是服装的配色，具体如下图所示。它们的色彩都偏向暖色系，并且较亮，融合在一个画面中可形成清爽、甜美的风格，与女式童装的形象一致。

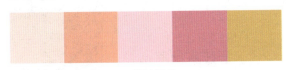

设计配色

服装配色

03 案例步骤解析

01 启动Photoshop，新建一个文档，新建图层，命名为"背景"，绘制一个矩形，填充上R239、G239、B239的颜色，在图像窗口可看到编辑后的效果。

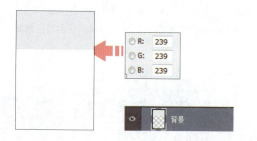

02 将花卉图像素材07.jpg添加到图像窗口中并添加图层蒙版，使用"渐变工具"编辑图层蒙版，制作出渐隐的效果。复制编辑后的花卉素材图层，更改图层蒙版的编辑效果。

03 选择工具箱中的"钢笔工具"，绘制出平行四边形，为其填充上R244、G201、B86的颜色，无描边色，放在画面中适当的位置，在图像窗口中可以看到编辑后的效果。

04 将素材08.jpg、09.jpg添加到图像窗口中，使用"磁性套索工具"将模特图像抠取出来，并通过图层蒙版控制其显示范围。适当调整模特图像的大小，并移至画面左侧。

05 使用"钢笔工具"绘制出平行四边形，为其填充上白色，无描边色，放在画面中适当的位置，设置形状图层的"不透明度"为66%。

06 使用"横排文字工具"在画面的适当位置输入文字，利用"字符"面板设置文字属性，并使用"椭圆工具"绘制黑色圆点对文字进行分隔。

07 使用"横排文字工具"输入文字"省钱搭配购",利用"字符"面板设置文字属性,并利用"渐变叠加"图层样式对文字进行修饰,在图像窗口中可以看到编辑后的效果。

08 选择工具箱中的"矩形工具",在图像窗口中单击并拖动,绘制大小不同的两个矩形,分别填充上不同明度的粉红色,将两个矩形叠放在一起,在图像窗口中可以看到编辑后的效果。

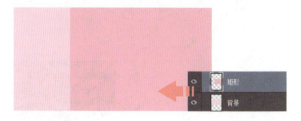

09 使用"钢笔工具"绘制出其他形状,分别填充上适当的颜色,并通过"渐变叠加"图层样式修饰其中一个形状的颜色,在图像窗口中可以看到编辑后的效果。

10 将素材10.jpg、11.jpg添加到图像窗口中,将其中的模特图像抠选出来,利用图层蒙版控制其显示范围,再利用剪贴蒙版进一步约束模特图像的显示,并适当调整图像的位置。

11 使用"矩形工具"绘制出所需的形状,接着利用"横排文字工具"在适当位置输入所需文字,利用"字符"面板设置文字的属性,在图像窗口中可以看到编辑后的效果。

12 继续使用"横排文字工具"输入所需文字,利用"字符"面板设置文字的属性,并使用线条和圆形对文字进行修饰,通过创建图层组对编辑后的图层进行管理。

13 使用"矩形工具""圆角矩形工具"和"钢笔工具"绘制出所需的形状,接着使用"横排文字工具"为画面添加所需文字,利用"字符"面板设置文字属性。第一组套餐制作完毕。

14 参考前面的方法制作出第二组套餐的背景,将素材12.jpg、13.jpg添加到画面中,将模特图像抠选出来,利用图层蒙版和剪贴蒙版对图像的显示进行约束,并适当调整图像的位置。

15 参考前面的方法,在第二组套餐的适当位置添加文字信息,适当调整文字和形状的颜色,使其与背景色调一致,并创建图层组对图层进行归类和整理。

16 按下快捷键Ctrl+Shift+Alt+E,盖印可见图层,得到"图层1"图层,将其转换为智能对象图层。执行"滤镜>锐化>USM锐化"菜单命令,打开"USM锐化"对话框,在其中设置"数量"为60%、"半径"为1.0像素、"阈值"为1色阶,确认设置后,在图像窗口中可以看到画面的细节更加清晰。至此本案例制作完成。

> **技巧** 通过"半径"控制矩形的转角圆滑度
>
> "圆角矩形工具" 可以绘制出带有平滑转角的矩形,其选项栏中的"半径"选项用于对转角的圆滑程度进行控制,设置的数值越大,矩形的转角越圆滑。

4.4 详情——商品细节展示

在商品详情页中，顾客通过橱窗照获得了商品的整体印象后，就会想要进一步了解商品的更多细节。因此，商品细节展示是商品详情页不可或缺的组成部分，它要能让顾客完整而清晰地了解商品在设计、材质、做工、功能等方面的特点和优势，这也是促使顾客下单的关键。

4.4.1 设计要点

考虑到不同商品在材质、功能、外观等方面的差异，商品细节展示区的表现方式主要有指示式和拆分式两种。

如下左图所示为指示式表现方式，先完整展示商品，再把需要突出展示的局部细节图片以类似放大镜的形式排布在完整商品图像的四周，并利用线条、箭头等设计元素将两者连接起来，有时还会用简单的文字进行解说，从而清楚地告诉顾客所展示的细节是商品的哪个位置，具体有什么优势和特点。这种表现方式既可宏观呈现商品的外观，又可深入展现重要的局部，非常适用于体积较小、部件较多的商品或家具等外形特大商品的展示。

如下右图所示为拆分式表现方式，其设计更为简单，只需罗列商品的局部细节放大图片及相应说明文字即可，不需要对细节的位置进行指示，比较适用于外观简单、部件少的商品及日常用品的展示。

上述两种表现方式可根据商品的具体情况进行选择，但要注意把握好画面的整体配色和风格，必要的情况下可使用风格一致的标题栏来对每组信息进行分类，细节描述信息也要具有统一的设计形式，让顾客能够对信息的内容结构一目了然。

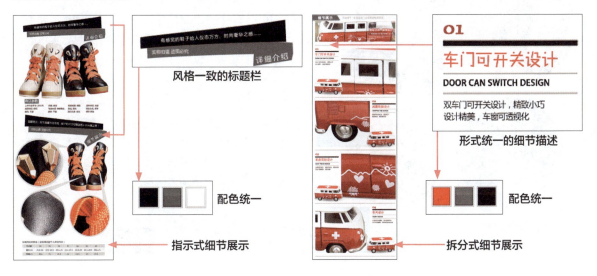

4.4.2 指示式商品细节展示设计

本案例是为某品牌的女鞋设计的商品细节展示,在设计的过程中先将女鞋的整体形象展示出来,并通过详尽的数据说明女鞋的材质、款型和特点,接着利用指示式表现方式将女鞋的部分区域放大,让顾客能够清晰地看到女鞋的局部,最后使用表格的方式对女鞋的尺码进行说明,整个画面信息详尽、设计美观。

素　材　实例文件 \04\ 素材 \14.jpg、15.jpg
源文件　实例文件 \04\ 源文件 \ 指示式商品细节展示设计 .psd

01　设计要点分析

本案例的商品为一款设计时尚的女鞋,因此先展示商品的整体外观来吸引顾客,再将最具特色和卖点的几个细节突显出来,如设计、材质和做工等,进一步打消顾客的顾虑,搭配上参数详情和尺码表格便于顾客选购,详尽、美观的设计能在顾客心目中全方位地勾画出女鞋的形象。

02　配色分析

本案例中的商品配色是在灰度的色彩中加入了暖色调,设计配色以灰度的色彩为主,这样的色彩搭配在整个画面中形成了有彩色与无彩色的碰撞,能够带来个性、刺激的视觉感受,体现出年轻人充满活力的特质,迎合她们追求时尚、张扬个性的心理需求。

商品配色

设计配色

03 案例步骤解析

01 启动Photoshop，新建一个文档，使用"钢笔工具"绘制出所需形状，分别填充上黑色和R103、G103、B103的颜色，无描边色，在图像窗口中可以看到编辑后的效果。

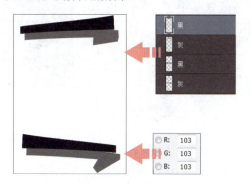

02 选择工具箱中的"横排文字工具"，在适当的位置输入所需的文字，利用"字符"面板对文字的字体、字号进行设置，调整文字的颜色为白色，并对文字的角度进行适当的旋转。

03 使用"矩形工具"绘制出所需的矩形，填充上适当的灰度色。使用"横排文字工具"在适当的位置输入商品参数的相关文字，利用"字符"面板对文字的属性进行设置。

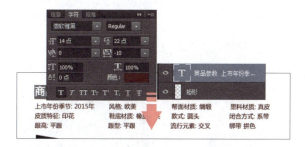

04 将女鞋图像素材14.jpg添加到画面中，适当调整其大小和位置。使用"磁性套索工具"沿着女鞋图像的边缘创建选区，添加图层蒙版将女鞋图像抠选出来。

05 将另外一个女鞋图像素材15.jpg添加到图像窗口中，适当调整其大小和位置，参考上一步的方法，使用"磁性套索工具"沿着女鞋图像的边缘创建选区，添加图层蒙版将女鞋图像抠选出来。

06 再次将女鞋图像素材添加到画面中,适当放大图像,用"椭圆选框工具"在要展示的细节部位创建圆形选区,并基于选区添加图层蒙版,对图像的显示范围进行控制,把女鞋的细节展示出来。

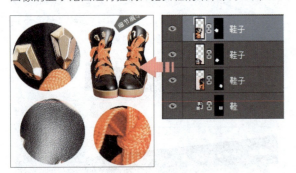

07 新建图层,命名为"气泡",使用"钢笔工具"绘制出指示形状,并填充上适当的颜色,指示各个细节部位在女鞋上的具体位置,在图像窗口中可以看到编辑后的效果。

08 将画面中的两部分完整女鞋图像添加到选区中,接着创建"色彩平衡1"调整图层,在打开的"属性"面板中设置"中间调"选项下的颜色值分别为-10、+12、+19,选择"色调"下拉列表中的"高光",设置该选项下的颜色值分别为+6、+3、+14,对女鞋图像的颜色进行微调,避免由于偏色造成顾客的误解。

09 将有两双女鞋的图像添加到选区中,接着创建"曲线1"调整图层,在打开的"属性"面板中调整曲线的形状,对图像的亮度和层次进行修饰,在图像窗口中可以看到编辑后的女鞋图像更明亮、层次更清晰。

10 选择工具箱中的"矩形工具",在图像窗口中单击并拖动,绘制出所需的矩形条,分别填充上适当的颜色,无描边色,作为表格的底纹。选择"横排文字工具",在适当的位置输入尺码的相关文字,利用"字符"面板对文字的属性进行设置,在图像窗口中可以看到编辑后的效果。

11 继续使用"横排文字工具"输入多组尺码文字,并利用"字符"面板对文字的颜色、字体和字号等进行调整,在图像窗口中可以看到编辑后的效果。

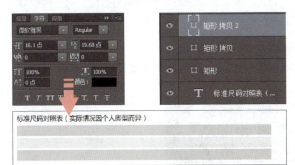

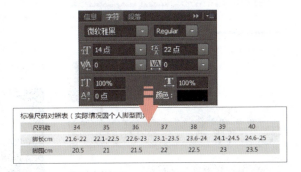

12 选择工具箱中的"矩形工具",设置前景色为白色,使用该工具绘制出白色的矩形条,并对矩形条进行复制,放在适当的位置,对每组信息进行分隔。

13 盖印可见图层,将得到的"图层1"转换为智能对象图层,使用"USM锐化"滤镜对画面进行锐化处理,让图像的细节更加清晰。至此本案例制作完成。

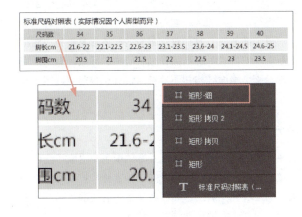

> **技巧** 绘制细长的矩形条
> 在"矩形工具"的选项栏中将"宽度"或"高度"设置为较小的像素值,即可绘制出细长的矩形条。

第4章 商品详情——精准地抓住顾客的眼球

4.4.3　拆分式商品细节展示设计

本案例是为某品牌的玩具车设计的商品细节展示，为了让顾客清晰地看到玩具车各个区域的细节，在设计过程中将玩具车拆分为四个部分进行逐一展示，同时使用精要的文字说明玩具车各部分的设计特点，整个画面采用错位的布局形成视觉上的引导，同时使用简单的配色让玩具车得到突显。

素　材　实例文件 \04\ 素材 \16.jpg
源文件　实例文件 \04\ 源文件 \ 拆分式商品细节展示设计 .psd

01　设计要点分析

本案例的商品为一款仿真玩具车，在设计的过程中，把玩具车拆分为四个部位进行逐一展示，并通过精要的文字对各个部位的特色和卖点进行说明，加深顾客对商品细节的了解，及时消除顾客的疑问。每个细节的下方都对玩具车的整体形象进行小面积展示，以不断重现的方式巩固商品在顾客心中的印象，有助于增强顾客的兴趣。整个画面结构并不复杂，设计也很简洁，展示效果却很好。

02　配色分析

本案例在色相的选择上主要从玩具车的配色中提取了红色和黑色，并通过对这两种颜色进行明度的细微变化，扩展出相近的色彩，让画面的层次变得清晰。而红色又是强有力的色彩，代表着热烈和冲动，能够较好地调动顾客的情绪。文本和形状也沿用商品的配色，使得整个画面带给人协调而统一的视觉感受，并且能够反复地强化玩具车的形象表现。

03 案例步骤解析

01 启动Photoshop，新建一个文档，使用"矩形工具"绘制矩形，作为标题背景，接着使用"钢笔工具"绘制梯形，填充上适当的颜色，并使用"投影"图层样式对其进行修饰。

02 选择"横排文字工具"，在适当位置单击并输入所需文字，利用"字符"面板对文字的颜色、字体和字号等属性进行设置，在图像窗口中可以看到编辑后的效果。

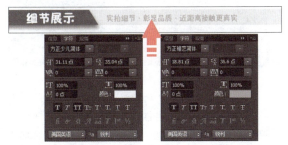

03 将玩具车图像素材16.jpg添加到图像窗口中，适当调整图像的大小和位置，并做水平翻转。接着使用"矩形选框工具"创建矩形选区，基于选区添加图层蒙版，对玩具车图像的显示范围进行控制。

04 将玩具车图像添加到选区中，并为选区创建"色阶1"和"亮度/对比度1"调整图层，在相应的"属性"面板中设置参数，提亮玩具车图像的影调和层次。

05 使用"矩形工具"绘制出所需的矩形，并调整图层"不透明度"为30%，接着为矩形添加上图层蒙版，使用"渐变工具"对图层蒙版进行编辑，制作出渐隐的效果。

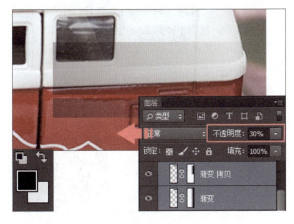

06 使用"横排文字工具"为画面添加所需的文字，利用"字符"面板和"段落"面板对文字的大小、位置和对齐方式进行调整，并使用"描边"图层样式对部分文字进行修饰。

07 再次将玩具车图像素材添加到画面中，使用"钢笔工具"沿着玩具车图像的边缘绘制路径，接着把路径转换为选区，基于选区创建图层蒙版，把玩具车图像抠选出来。

08 将玩具车图像添加到选区中，为选区创建"色阶2"调整图层，在打开的"属性"面板中设置RGB选项下的色阶值分别为12、1.44、203，将玩具车图像调亮，并在其下方绘制出阴影效果。

09 复制编辑好的玩具车、阴影和调整图层，将其合并为一个图层后适当缩小，再复制若干份。把复制出的玩具车图像放在画面适当位置，并对部分图像进行水平翻转。

10 选择"矩形工具"，在图像窗口中单击并拖动，绘制出所需的矩形条，并分别填充上所需的颜色，作为修饰线条。创建图层组对得到的多个图层进行管理。

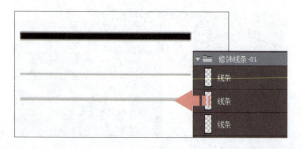

11 按下快捷键Ctrl+J复制修饰线条图层组，放在每个玩具车小图的附近。

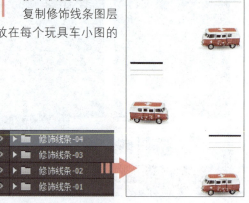

12 使用"矩形工具"绘制出较长的矩形条，填充上适当的灰色。复制矩形条并移至适当位置，将每组信息分隔开。

13 使用"横排文字工具"在适当的位置输入所需的文字，利用"字符"面板设置文字的字体、字号和颜色。参照上述方法和参数设置制作出其余几组文字信息。

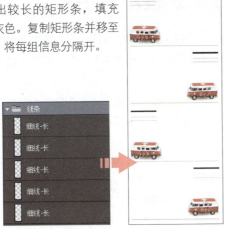

14 再次将玩具车图像素材添加到图像窗口中，适当调整其大小，使用"矩形选框工具"创建选区后添加图层蒙版，控制玩具车图像的显示范围，展示出玩具车的细节。

15 参考前面的方法和参数设置，将玩具车的其余细节展示图像制作出来，放在相应的位置，并使用"色阶"调整图层对细节展示图像的亮度进行修饰。

16 按下快捷键Ctrl+Shift+Alt+E，盖印可见图层，得到"图层1"图层，将其转换为智能对象图层，执行"滤镜>锐化>USM锐化"菜单命令，在打开的"USM锐化"对话框中设置"数量"为100%、"半径"为1.1像素、"阈值"为0色阶，确认设置后，在图像窗口中可以看到玩具车的细节更加清晰。至此本案例制作完成。

第4章　商品详情——精准地抓住顾客的眼球

妙招 商品详情页信息的最佳展示顺序

面对越来越挑剔的顾客，卖家只有在细节上下足功夫，才能吸引并打动顾客，这些细节中最重要的莫过于商品详情页了。商品详情页涉及的信息十分丰富，在设计时要怎样取舍内容和安排顺序，才能让顾客更容易接受呢？下面就来讲解商品详情页信息的最佳展示顺序。

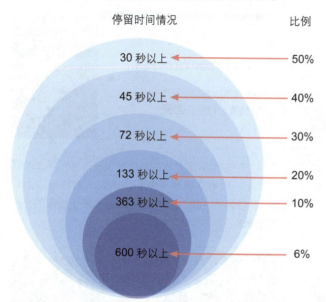

商品详情页在网店装修中至关重要，详情页中的主图就相当于人的脸面，而详情页中的其他图片、文字、视频等则是商品的简历。整个详情页就如同一个商铺，是将浏览转化为购买的重要平台，同时也是展示品牌魅力进而赢得老顾客的重要途径。

一项针对网购顾客进行的调查显示，顾客在一个商品详情页中的停留时间情况如左图所示。从这些数据可以看出，想要让顾客在丧失耐心前浏览完商品详情页中的大部分信息，就要精心考虑详情页的内容多少和编排顺序，力求在最短的时间内传递出最多的商品信息，才能提高店铺的转化率。

首先要对商品详情页包含的信息内容进行梳理。商品详情页是给顾客看的，其中的内容就要按照顾客的需求来进行安排，大多数顾客需要的商品信息如下图所示。

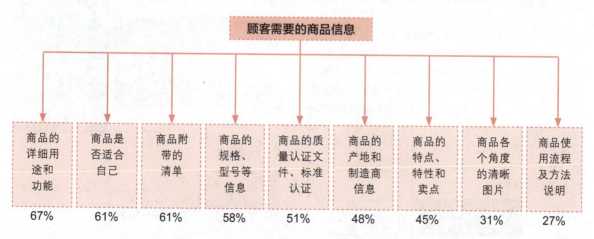

搜集、整理好顾客需要的商品信息之后，就可以将这些信息搭配上相关的销售和品牌等内容，一起来设计商品详情页。这些内容在商品详情页中的最佳顺序如下图所示。

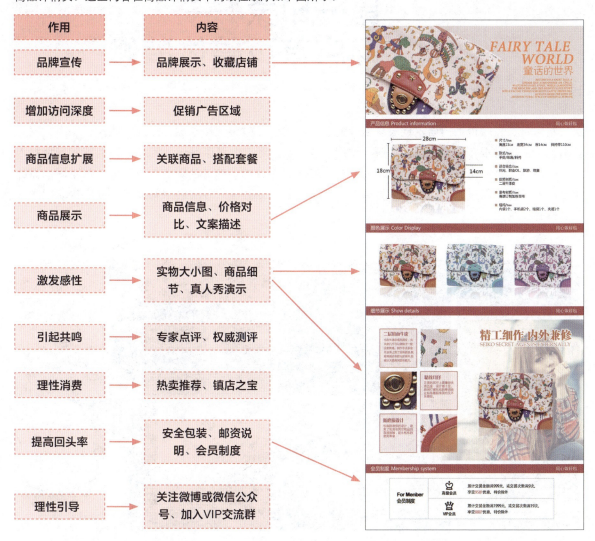

在实际装修时，除了要考虑信息的排列顺序外，还要考虑详情页篇幅长短的问题，不必将所有信息都设计出来，而是把卖家认为较重要的或与商品关系密切的信息添加到详情页中。如果强行将这些信息全部添加到商品详情页中，不仅会增加不必要的设计成本，而且可能导致页面文件体积过大，使页面的下载和显示速度过慢，或者顾客因阅读量太大而失去了解的兴趣，选择关闭页面。所以，适当地对商品详情页的信息进行规划是设计好该页面的根本，也是提高转化率的有力武器。

第5章 第一印象——网店首页整体装修

　　网店首页是店铺的门面,代表着店铺的形象,其装修效果会影响顾客对店铺的第一印象。网店首页包含的内容很多,有店招、导航、欢迎模块、客服区、收藏区等,如何将这些内容和谐地融入同一个画面,是非常考验设计者的功力的。本章将以三种类型商品的网店首页为例,从不同的设计角度出发,打造出风格和布局都各具特色的网店首页装修效果,在实践中帮助读者掌握更多网店首页的装修技巧。

本章重点

- 饰品店铺首页装修设计
- 女装店铺首页装修设计
- 相机店铺首页装修设计

5.1 饰品店铺首页装修设计

本案例是为一家民族风饰品店铺设计的网店首页，以商品的设计风格为基础，通过打造水墨风格的画面效果，营造浓浓的古典韵味。

01 技术要点

● 利用"图层混合模式"将水墨荷花素材叠加到纯色的背景中，并利用"不透明度"来控制其显示效果。

● 用"钢笔工具"在饰品图像的边缘创建路径，将创建的路径转换为选区，基于选区创建图层蒙版，抠取饰品图像。

● 使用"横排文字工具"和"直排文字工具"在画面中添加文本信息，利用"字符"面板对文本属性进行设置。

● 利用"剪贴蒙版"功能对饰品素材的显示效果进行修饰，使其边缘呈现出毛笔绘制的效果，增添商品的表现力和设计感。

| 素材 | 实例文件 \05\ 素材 \01.jpg ～ 10.jpg，11.psd |
| 源文件 | 实例文件 \05\ 源文件 \ 饰品店铺首页装修设计 .psd |

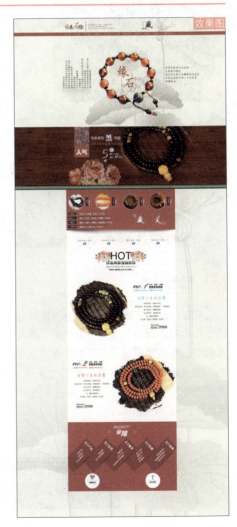

02 灵感来源

观察本案例中的商品照片素材,可以发现这些饰品的风格都表现出了浓郁的中国古典韵味,有鲜明的中国少数民族的特点。由此展开联想,在设计中将水墨这种带有独特视觉效果的元素融入网店的首页中。

在首页背景的制作中,选择了荷花这种品质纯净高尚的植物来进行修饰,使其与饰品通透的特点相互辉映,更加切入主题,具体如下图所示。

分析饰品照片的风格　　　　　联想到水墨画风格　　　　　首页水墨风格背景

确定页面背景的风格之后,在首页的文字、饰品边缘的处理和素材的编辑过程中,都将水墨元素表现得淋漓尽致,使得画面风格统一、和谐,具体效果如右图所示。

03 配色分析

根据确定的水墨风格,在首页的配色中选择了接近宣纸的颜色作为背景的主要色彩,搭配上与水墨印章相似的红色进行点缀。虽然红色没有印章的色彩浓艳,但是降低其纯度之后,能够给人一定的朴实感,在迎合背景色调的同时,使得画面中的元素主次分明。具体配色如下图所示。

04 布局分析

首页的信息较为丰富,为了调动顾客的浏览兴趣,将几款热销商品排列在S形曲线上,以曲线式布局对顾客的视线进行引导,让整个画面不会显得呆板、单一,体现出较强的设计感,具体如右图所示。

5.1.1 制作背景确定设计风格

为画面填充适当的背景色,再添加水墨风格的荷花绘画作品,通过调整图层混合模式使其与背景色融合在一起,确定画面的整体风格基调,接着添加手写体的文字来制作出店招和导航,具体制作步骤如下。

01 新建一个文档,按照设计要求设置文件大小,将背景填充上R237、G234、B223的颜色。将水墨荷花素材01.jpg添加到文件中,适当调整其大小,在"图层"面板中设置其图层混合模式为"明度"、"不透明度"为10%。

02 使用"矩形工具"在画面顶端的适当位置绘制矩形条,将其作为导航的背景,接着使用"横排文字工具"在适当的位置单击,输入导航上的文字,利用"字符"面板设置文字的属性,并使用"投影"图层样式修饰文字。

03 选择工具箱中的"横排文字工具",在画面的最顶端添加上网店的名称和相关的文字信息,调整文字的大小和位置,并为文字设置不同的颜色,在图像窗口中可以看到编辑后的效果。

04 使用"矩形工具"绘制出所需的线条,使用"横排文字工具"为收藏区添加文字,利用"字符"面板调整文字的属性,最后创建图层组对图层进行管理。

5.1.2 抠取饰品制作欢迎模块

使用"钢笔工具"抠取饰品图像，并通过"亮度/对比度"调整图层来修饰其层次和亮度，让饰品图像呈现出通透的感觉，最后添加段落文字，利用手写体的文字营造出古典的韵味，具体制作步骤如下。

01 将水墨荷花素材01.jpg再次添加到文件中，适当调整其大小，设置图层混合模式为"明度"、"不透明度"为30%，让荷花与背景色融合在一起，作为欢迎模块的背景。

02 执行"文件＞置入"菜单命令，打开"置入"对话框，选择饰品图像素材02.jpg，将其添加到文件中，使其变成智能对象图层，适当调整饰品图像素材的大小和位置。

03 选择工具箱中的"钢笔工具"，结合"删除锚点工具""添加锚点工具"等路径编辑工具，沿着饰品图像的边缘绘制路径，通过对路径进行加减，将饰品图像包围在绘制的路径中。

04 打开"路径"面板，单击面板底部的"将路径作为选区载入"按钮，将绘制的路径转换为选区。基于选区创建图层蒙版，把饰品图像从素材中抠取出来。

05 按住Ctrl键的同时单击饰品图层的蒙版缩览图，将饰品添加到选区中，为选区创建"亮度/对比度1"调整图层，设置"亮度"为23、"对比度"为17，调整饰品图像的层次和亮度。

06 选择工具箱中的"横排文字工具"，在饰品图像的中间单击，输入所需的文字，并利用"字符"面板对文字的字体、字号、颜色等进行设置，在图像窗口中可以看到编辑后的效果。

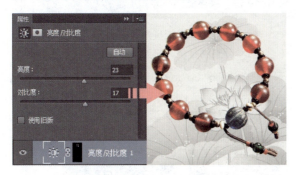

07 使用"横排文字工具"和"直排文字工具"在画面中适当的位置单击，输入段落文字，利用"字符"面板和"段落"面板分别设置每组文字的字体、字号、颜色、字间距和对齐方式等属性，在图像窗口中可以看到两组段落文字编辑后的效果。

08 在"图层"面板中创建图层组，命名为"欢迎模块"，将编辑好的图层拖动到其中，便于管理和归类。使用"移动工具"对欢迎模块中的元素进行微调，完善其编辑效果。

5.1.3 制作二级海报展示人气商品

二级海报位于欢迎模块的下方,是网店首页中较为重要的部分。本案例中将店铺中的人气商品放置在二级海报中,利用与欢迎模块较大的明度差距来让整个首页呈现出层次感,具体制作步骤如下。

01 将木质纹理和屋檐图像素材03.jpg、04.jpg添加到文件中,按下快捷键Ctrl+T,利用自由变换框调整素材图像的大小和位置,制作出二级海报的背景。

02 使用"矩形工具"绘制出一个矩形,填充上适当的颜色,接着使用"横排文字工具"在适当的位置输入"人气",利用"字符"面板设置文字的属性。

03 将花纹素材05.jpg添加到文件中,适当调整其大小和位置,接着使用"椭圆选框工具"创建选区,基于选区为该素材的图层添加图层蒙版,控制花纹的显示效果。

04 选择工具箱中的"横排文字工具",在二级海报的适当位置单击并输入所需的文字,利用"字符"面板设置文字的属性,具体参数见本书云空间资料中本案例的源文件。

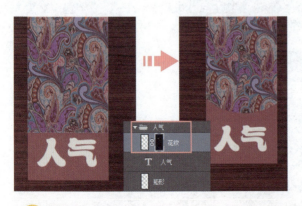

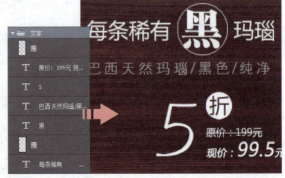

> **技巧** 绘制正圆形选区
>
> 在使用"椭圆选框工具"时,按住Shift键的同时拖动鼠标,可以绘制出正圆形的选区。

05 将黑色玛瑙素材06.jpg添加到文件中,适当调整其大小,接着为其图层添加上白色的图层蒙版,使用黑色的"画笔工具"对蒙版进行编辑,只显示出部分饰品图像。

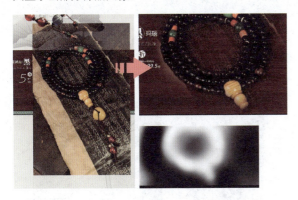

06 将花朵素材07.jpg添加到文件中,调整其大小、位置和角度,接着选择工具箱中的"魔棒工具",在其选项栏中设置"容差"为20,用该工具在白色的部分单击,选中素材中的白色区域。

07 执行"选择>反向"菜单命令,对创建的选区进行反选,基于选区创建图层蒙版,隐藏白色的背景,最后用"矩形选框工具"对图层蒙版的局部进行编辑。

08 在"图层"面板中设置花朵素材的图层混合模式为"点光"、"不透明度"为70%,使其与背景中的木质纹理融合在一起,在图像窗口中可以看到编辑后的效果。

09 使用"移动工具"对二级海报的各个设计元素进行微调,完成后创建图层组对图层进行管理,在图像窗口中可以看到二级海报的编辑效果。

5.1.4 使用商品分类栏引导购物

商品分类栏可以让顾客快速了解店铺中的商品种类。本案例使用图文结合的形式设计商品分类栏，让顾客能直观感知商品的类别，并通过虚线的修饰让视觉效果更加精致，具体制作步骤如下。

01 新建"背景"图层，选择"矩形选框工具"创建选区，为选区填充上R159、G54、B68的颜色。新建"投影"图层，使用黑色的"画笔工具"绘制出矩形的投影。

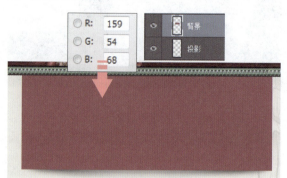

02 使用"矩形工具"绘制出黑色的矩形，再使用"直排文字工具"在适当位置单击，输入商品类别的相关文字，利用"字符"面板设置文字的属性。

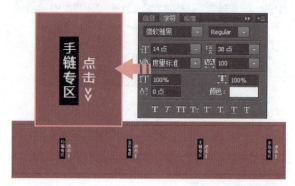

03 创建圆形和折线路径，使用"横排文字工具"在创建的路径上输入所需的内容，制作出虚线的效果，最后将多余的路径删除，并将路径文字图层栅格化，对圆形和折线的虚线进行复制，放在适当的位置。

04 将饰品图像素材02.jpg、08.jpg、09.jpg、10.jpg添加到文件中，适当调整其大小，使用"椭圆选框工具"创建圆形选区，以选区为基准为图层添加图层蒙版，对饰品图像素材的显示范围进行控制。

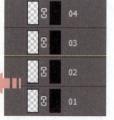

05 制作出虚线的田字格，接着使用"横排文字工具"在适当的位置单击，输入所需的文字，利用"字符"面板对文字的属性进行设置，最后利用"投影"图层样式对文字进行修饰。

06 继续使用"横排文字工具"输入所需的文字，利用"字符"面板设置文字的属性，并将文字放在适当的位置上，在"图层"面板中设置其"不透明度"为50%。

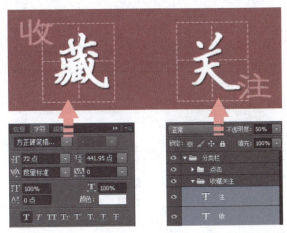

07 使用"画笔工具""矩形工具"和"橡皮擦工具"绘制出阴影和黑色色块，适当调整其编辑效果，作为商品分类的背景，在图像窗口中可以看到编辑后的效果。

08 选择"横排文字工具"，在适当的位置单击并输入所需的文本内容，利用"字符"面板设置文字的属性，并利用"投影"图层样式增强文字的表现力。

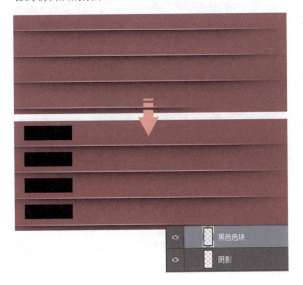

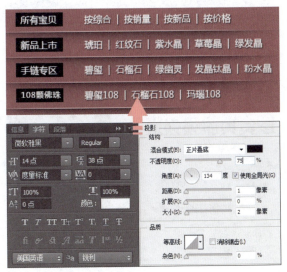

5.1.5 制作推荐款区域呈现主打商品

推荐款区域包含了客服区、标题和主打商品展示等内容，这些内容信息较多，在制作中使用错落的方式进行布局，使其呈现出曲线的视觉引导效果，具体制作步骤如下。

01 新建图层，命名为"背景"，使用"矩形选框工具"创建矩形选区，接着设置前景色为R255、G255、B255，按下快捷键Alt+Delete为选区填充前景色，作为主打商品区域的背景。

02 参考前面绘制圆形虚线的方法，绘制出另外的圆形虚线，并为其添加上所需的文字、旺旺头像（11.psd）和线条，制作出客服区的内容，在图像窗口中可以看到编辑后的效果。

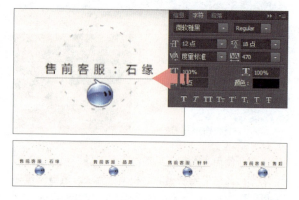

03 选择"横排文字工具"，在适当位置单击，输入所需的文字，利用"字符"面板对文字的属性进行设置，并使用"渐变叠加"图层样式修饰文字，在图像窗口中可以看到编辑后的效果。

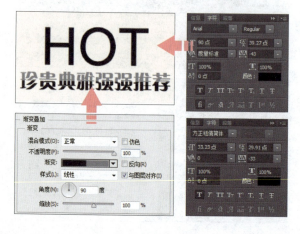

04 继续使用"横排文字工具"在适当位置输入所需的其他文字，利用"字符"面板对文字的属性进行设置，调整文字的位置和大小，在图像窗口中可以看到编辑后的效果。

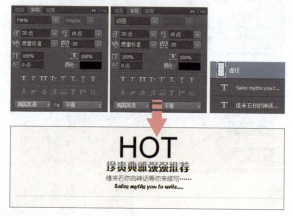

05 将花朵素材07.jpg添加到文件中,对其进行复制后做水平翻转,移至适当位置,设置其混合模式为"正片叠底",对文字进行修饰。

06 选择工具箱中的"横排文字工具",在适当的位置单击,输入所需的商品介绍、价格等信息文字,利用"字符"面板对文字的属性进行设置。

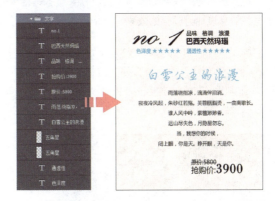

07 使用"画笔工具"绘制出水墨的背景,使其边缘呈现出毛糙的感觉,接着将饰品图像素材06.jpg添加到文件中,通过创建剪贴蒙版控制图像的显示效果。

08 将饰品图像加载到选区,创建"色阶1"调整图层,在打开的"属性"面板中设置RGB选项下的色阶值分别为0、1.42、210,调整饰品图像的明暗。

09 参考前面的编辑方法,使用"横排文字工具"输入所需的文字,接着绘制出另外一个水墨背景,添加饰品图像素材10.jpg,利用剪贴蒙版对图像的显示效果进行控制,并使用"色阶"调整图层对其亮度和层次进行调整。

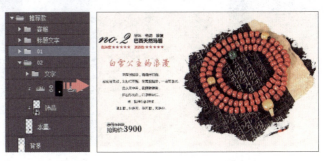

5.1.6 补充内容完善首页信息

在首页画面的底部添加与发货、售后、服务等相关的信息,可以增加顾客的信任感。参考前面的曲线引导设计,这里将信息设计为倾斜的效果,给予画面一定的动感,具体制作步骤如下。

01 使用"矩形工具"绘制出矩形,填充上适当的颜色,作为首页补充信息的底色,接着使用"画笔工具"绘制出矩形下方的阴影,在图像窗口中可以看到编辑后的效果。

02 选择工具箱中的"横排文字工具",在适当的位置单击,输入所需的文字,利用"字符"面板对文字的属性进行设置,并适当调整文字的角度,在图像窗口中可以看到编辑后的效果。

03 使用"椭圆工具"绘制圆形,接着使用"钢笔工具"绘制心形和箭头,再使用"横排文字工具"添加所需的文字,利用"字符"面板设置文字的属性,在图像窗口中可以看到编辑后的效果。

04 使用"钢笔工具"绘制"保障"的字样,接着使用"横排文字工具"添加其他文字,利用"字符"面板设置文字的属性,在图像窗口中可以看到编辑后的效果。至此本案例制作完成。

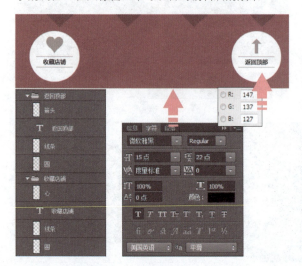

5.2 女装店铺首页装修设计

本案例是为女装店铺设计的网店首页，画面呈现淡淡的怀旧色调，流露出复古的韵味。此外，主要用矩形的元素来进行棋盘式布局，将众多的图像集合为视觉上的一个整体，具有很强的统一感。

01 技术要点

● 利用"画笔工具"中的"柔边圆"对图层蒙版进行编辑，制作出欢迎模块中的图像。

● 使用"横排文字工具"输入所需的文字，通过变化字体来增强文字的设计感。

● 利用"图层混合模式"将模特照片与背景融合在一起。

● 利用"剪贴蒙版"功能对模特照片的显示进行修饰，使其边缘呈现出规则的矩形效果。

● 使用"矩形工具"绘制出画面中的矩形，并在该工具的选项栏中对矩形的颜色进行设置。

| 素　材 | 实例文件 \05\ 素材 \12.jpg ～ 16.jpg，11.psd |
| 源文件 | 实例文件 \05\ 源文件 \ 女装店铺首页装修设计 .psd |

效果图

原　图

02 配色分析

观察本案例中的模特素材照片,可以发现大部分照片的色调为怀旧的复古色,并且模特的服装颜色纯度较低,偏向于中性色,因此选择其中最具代表性的一张来进行配色分析,将照片中包含的颜色提取出来。

利用照片中提取的颜色对首页中的元素进行颜色搭配,主色调仍然为怀旧色,为了突显两组不同的服装,分别添加了橡皮红和尼罗蓝来进行点缀,因为这两种颜色的明度适中、纯度不高,与主色调搭配起来比较和谐,具体如下图所示。

本案例中的素材照片大部分为怀旧色调,呈现出一股复古的韵味

选定一张进行配色分析　　首页装修配色分析

03 布局分析

在本案例的布局中,所有组成元素的外观基本都是矩形,这样的设计能让画面显得规整。同时通过多种不同面积、数量的矩形的编排,又使画面呈现出多样化的视觉效果,类似于棋盘式的布局,具体如右图所示。不同区域采用不同的布局,避免了沉闷和呆板,表现出一种稳定感。

商品图像的布局为在一个区域中放置多张模特照片,把商品信息一次性呈现在顾客眼前,将众多图像集中在一个整体上,从而形成一种统一感,并且将视觉的重力感分散开。通过大图与小图的合理搭配,让布局符合力学原理,表现出强烈的视觉空间感和重量感,对商品的主次表现有非常重要的推动作用。

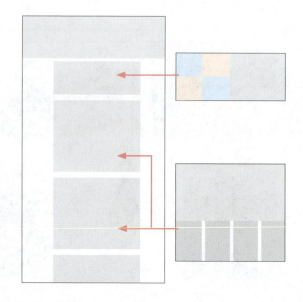

5.2.1 文字和图形组成简约店招和导航

为了让画面呈现出复古的色调，使用偏黄的纯色来填充背景，再添加纯色的形状和文字，让店招和导航显得简约而大气，具体制作步骤如下。

01 启动Photoshop，新建一个文档，为背景填充R252、G244、B230的颜色。使用"矩形工具"在画面顶端绘制矩形，填充R255、G242、B221的颜色。

02 使用"矩形工具"绘制出导航的背景，填充上R97、G62、B8的颜色，接着使用"横排文字工具"在适当位置单击，输入导航上的文字，利用"字符"面板对文字的属性进行设置。

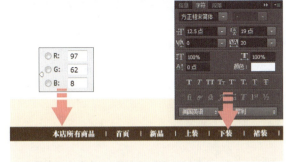

03 使用"横排文字工具"在画面的顶部输入文字，制作出店招，利用"字符"面板对两组文字的字体、大小和颜色等进行设置，在图像窗口中可以看到编辑后的效果。

04 选择"自定形状工具"，在其选项栏中选择"花1"形状，绘制出花朵的形状，放在文字上，并设置"不透明度"为70%，完成店铺徽标的制作，在图像窗口中可以看到编辑后的效果。

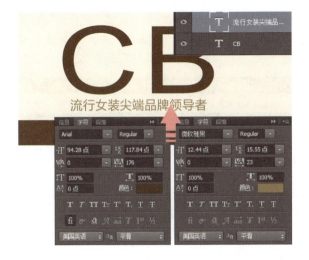

05 使用"横排文字工具"在适当的位置添加收藏区的文字,利用"字符"面板对文字的字体、颜色和字号等进行设置,把文字放在导航右上方。对前面绘制的花朵形状进行复制,适当调整其大小和图层顺序,设置图层"不透明度"为30%,移至收藏区的适当位置作为装饰。

06 使用"圆角矩形工具"绘制出搜索栏的大致外形,接着用"自定形状工具"绘制出放大镜的形状,再使用"横排文字工具"为搜索栏添加上文字。

5.2.2 利用图层蒙版制作溶图

欢迎模块利用简单的文字和图片组合设计而成,通过图层蒙版让模特图片与欢迎模块的背景自然地合成在一起,具体制作步骤如下。

01 选择工具箱中的"矩形工具",在适当的位置单击并拖动,绘制一个矩形,设置其填充色为R217、G198、B173,作为欢迎模块的背景,在图像窗口中可以看到编辑后的效果。

02 将模特图像素材12.jpg添加到画面中,适当调整其大小和位置,为该图层添加图层蒙版,使用"画笔工具"编辑蒙版,将照片与背景合成在一起,在图像窗口中可以看到编辑后的效果。

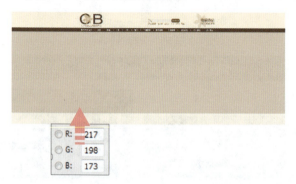

03 将欢迎模块的背景矩形添加到选区中，为选区创建"色阶1"调整图层，在打开的"属性"面板中设置RGB选项下的色阶值分别为0、1.00、247，对欢迎模块中的图像进行亮度的调整。

04 选择"横排文字工具"，在欢迎模块的左侧单击，输入所需的文字，利用"字符"面板对文字的属性进行设置，丰富欢迎模块的画面内容，在图像窗口中可以看到编辑后的效果。

05 将文字拖动到创建的图层组中，为图层组应用"投影"图层样式，完成欢迎模块的制作，在图像窗口中可以看到编辑后的效果。

5.2.3 绘制简易色块组成分类栏

本案例中的布局基本为矩形，在分类栏中，先对多个矩形进行设计，接着将矩形拼接在一起，使其形成完整的分类区域效果，利用色彩和内容上的对比来协调画面，具体制作步骤如下。

01 绘制一个矩形，将模特图像素材13.jpg添加到画面中，适当调整其大小，并创建剪贴蒙版，控制图像的显示范围。接着创建"色阶2"调整图层，设置RGB选项下的色阶值分别为0、1.15、234，对模特图像的亮度进行调整。

02 使用"钢笔工具"绘制聊天气泡形状，接着输入所需的文字，并使用"投影"图层样式对文字进行修饰，将文字放在模特图像周围。

03 使用"矩形工具"绘制另外一个矩形，使用"横排文字工具"在适当的位置添加文字，制作出分类栏中的另外一个组成内容。

04 参考前面的制作方法，制作出分类栏中的其余组成内容，对绘制的对象进行拼接，完善每个方框中的信息，在图像窗口中可以看到编辑后的效果。

5.2.4 制作简约风格的女装展示

女装展示区域主要分为小海报和单品展示两个部分，这两个部分使用了不同的色彩进行区分，让顾客产生不同的感受，通过相似的元素和不同的色彩来呈现网店中的商品内容，具体制作步骤如下。

01 选择工具箱中的"横排文字工具"，在分类栏的下方单击，输入所需的文字内容，利用"字符"面板对文字的属性进行设置，再通过"矩形工具"绘制出矩形对文字进行修饰，在图像窗口中可以看到编辑后的效果。

02 再次使用"横排文字工具"输入所需的段落文字,利用"字符"面板对文字的属性进行设置,利用"段落"面板适当调整段落文字的对齐方式,再使用"矩形工具"绘制出矩形条对文字进行修饰。

03 使用"矩形工具"绘制出矩形,接着使用"横排文字工具"在适当的位置添加多组文字信息,分别调整文字的大小和位置,制作出女装展示的标题栏。

04 使用"矩形工具"绘制出矩形,并填充R247、G235、B223的颜色。接着在画面中添加模特图像素材15.jpg并做水平翻转,创建图层蒙版,并使用"渐变工具"编辑蒙版,让模特图像与矩形自然地融合在一起。

05 参考上一步中的编辑方法,再次将模特图像素材15.jpg添加到文件中,适当调整大小,使两个模特图像形成一种镜像的效果,利用图层蒙版对图像的显示效果进行控制,在图像窗口中可以看到编辑后的效果。

技巧 设置蒙版属性

双击图层蒙版的缩览图,可以打开蒙版的"属性"面板,在其中可以对蒙版边缘的羽化和不透明度等属性进行设置。

06
使用"横排文字工具"和"矩形工具"为画面添加文字和修饰形状，调整各组文字的属性，并使用"投影"图层样式对部分文字进行修饰，在图像窗口中可以看到编辑后的效果。

07
将模特图像素材16.jpg添加到文件中，通过创建剪贴蒙版对其显示范围进行控制。接着绘制出矩形，在矩形内添加文字，适当调整文字的属性，将编辑后的图层拖动到创建的图层组中。

08
对绘制完成的商品展示图层组进行复制，选择"移动工具"将这些图层组选中，利用选项栏中的对齐和分布功能对这些图片的位置进行调整，制作出并列展示的效果。

09
将蓝衣模特图像添加到选区中，为选区创建"色阶3"调整图层，在打开的"属性"面板中设置RGB选项下的色阶值分别为0、1.00、232，调整模特图像的亮度。

10 将蓝衣模特图像再次添加到选区中，为选区创建"色相/饱和度1"调整图层，在打开的"属性"面板中设置"青色"选项下的"色相"为+180、"饱和度"为-59、"明度"为+29。

11 参考前面的方法，将其他模特图像素材添加到画面中，参照前面的布局，继续制作出标题文字、标题栏和商品陈列画面，完成商品展示区的制作。

5.2.5 制作客服区提升首页服务品质

客服区是网店首页中必不可少的一部分，下面使用文字和旺旺头像组合的方式，制作出简约的客服区效果，具体制作步骤如下。

01 使用"矩形工具"绘制出两个大小不一的矩形，作为客服区的背景，分别为矩形填充上白色和R224、G204、B180的颜色，适当调整两个矩形的位置，放在画面的底部。

02 将旺旺头像素材11.psd添加到文件中，适当调整其大小，放在合适的位置，接着输入客服的名字，利用"字符"面板设置文字的属性，使用图层组对编辑的图层进行归类和整理。

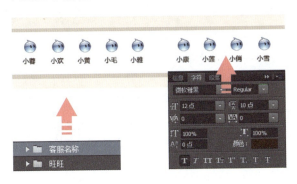

03 选择工具箱中的"横排文字工具"在客服区适当的位置输入所需的文字,并绘制虚线对文字进行修饰。

04 使用"矩形工具"绘制出矩形,使用"钢笔工具"绘制出箭头形状,接着使用"横排文字工具"在适当的位置添加文字,利用"字符"面板设置文字的属性,制作出会员区的效果。

05 使用"矩形工具"在客服区下方绘制出矩形条,复制5.2.1中绘制的店铺徽标图层组,将其放在绘制的矩形条上,适当调整徽标的大小,为其应用白色的"颜色叠加"图层样式。

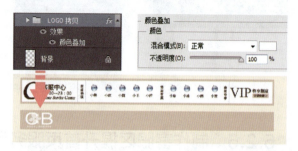

06 使用"横排文字工具"在矩形条右侧添加文字,利用"字符"面板设置文字的属性,接着使用"钢笔工具"绘制出三角形的形状,填充适当的颜色后移动到适当的位置。

 更改部分文字的效果

在图像窗口中输入文字之后,如果想要对文本图层中的个别文字进行单独的处理,可以使用文字工具将部分文字选中,然后在"字符"面板中调整选中文字的属性。

5.2.6 调色和锐化整个页面

如果对页面中的色彩不满意，可以在最后通过整体调色来进行修饰，这里使用"色彩平衡"调整图层微调画面中不同明暗区域的色调，并利用"USM 锐化"滤镜让画面中的细节变得清晰，具体制作步骤如下。

01 在"调整"面板中单击"色彩平衡"按钮，创建"色彩平衡1"调整图层，在打开的"属性"面板中设置"中间调"选项下的颜色值分别为+18、+14、+36，"阴影"选项下的颜色值分别为-8、-4、+10，"高光"选项下的颜色值分别为+3、+5、0，对画面整体的色调进行细微的调整。

02 按下快捷键Ctrl+Shift+Alt+E，盖印可见图层，将盖印后的图层转换为智能对象图层，执行"滤镜＞锐化＞USM锐化"菜单命令，在打开的对话框中设置"数量"为70%、"半径"为0.5像素、"阈值"为0色阶，完成后单击"确定"按钮，可看到画面细节变得更清晰。至此本案例制作完成。

> **技巧　图层的盖印与合并**
>
> 按下快捷键 Ctrl+Alt+E，将盖印多个选定图层或链接的图层，此时，Photoshop 将创建一个包含合并内容的新图层；按下快捷键 Ctrl+Shift+Alt+E 为盖印可见图层，Photoshop 将创建包含合并内容的新图层；执行"图层＞拼合图像"或从"图层"面板菜单中执行"拼合图像"命令，可以将所有的图层拼合到一个图层中，以压缩文件的大小。

5.3 相机店铺首页装修设计

本案例是为数码相机店铺制作的网店首页，设计中用线条作为视觉引导，并通过蓝色来表现出冰冷、机械之感。

01 技术要点

- 用"钢笔工具"在相机图像的边缘绘制路径，将绘制的路径转换为选区，基于选区创建图层蒙版，抠取相机图像。
- 使用"画笔工具"绘制出欢迎模块的背景，通过"柔边圆"画笔使其呈现出溶图的效果。
- 利用"渐变叠加""投影""描边"等图层样式对画面中的文字、图形等进行修饰，使其效果更加绚丽。
- 使用"椭圆工具""矩形工具"等绘图工具绘制出页面中的图形。
- 使用"横排文字工具"在画面中添加文字，利用"字符"面板对文字的颜色、字体、字号和字间距等属性进行设置。

素材　实例文件 \05\ 素材 \17.jpg、18.jpg
源文件　实例文件 \05\ 源文件 \ 相机店铺首页装修设计 .psd

02 配色分析

蓝色在设计中是现代科学的象征色，它给人以冷静、沉思、理性、智慧的感觉。本案例是为数码相机店铺设计的网店首页，画面的主色调确定为蓝色，与商品的气质相符，通过对蓝色这种色相的明度和纯度进行微调，对配色进行扩展，让页面色彩的表现力更加丰富，如下左图所示。

蓝色是一种冷色调，在色相环上与之相对应的就是橘色、黄色和红色等暖色，如右图所示。因此，对首页的辅助色配色选用"对比色搭配"的方式进行设计，如下右图所示，在视觉上形成对比，让画面更活泼。

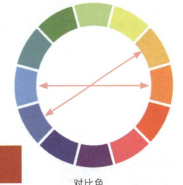

对比色

画面主色调　　　　　　画面辅助色配色

03 布局分析

通过错落的方式对内容进行布局，可以在画面中形成自然的曲线。本案例中为了让商品之间产生自然的分组效果，绘制出了一条蜿蜒的曲线对画面进行分割，将商品放在曲线的弯曲位置，打造出独具创意的商品分类视觉呈现效果，如下图所示。这样的设计既让画面显得干净利落，又表现出一定的自由感，与相机包罗万象的特质一致。

04 利用光影增强层次

光影是指画面中光线的方向和投影。由于商品图像是从素材照片中抠取出来的，其光影表现并不完整，因此，后期设计中，为了让画面呈现出完整的层次和视觉，可以通过调整背景色、添加投影等方式来人工定义商品的光影效果，增强商品的立体感和真实感，有助于提升商品的形象。

下图所示为本案例中通过斜 45°光、背景光等编辑方式对商品进行修饰的效果，可以看到通过光影的修饰，原本扁平的商品表现出了真实的立体感。

5.3.1 制作蓝色调的店招和导航

本案例以蓝色为主要色调，将网店首页的背景填充为暗蓝色，并通过简单的文字制作出店招和导航，利用图层样式对文字和导航的背景进行修饰，使其视觉效果更加精致，具体制作步骤如下。

01 新建一个文档，将背景填充上R1、G12、B55的颜色。接着选择"画笔工具"，在其选项栏中适当设置参数，调整前景色为R0、G216、B255，在画面的顶部绘制出打光效果。

02 使用"矩形选框工具"在画面顶部创建矩形选区，接着在"图层"面板中单击"添加图层蒙版"按钮，基于选区为图层添加图层蒙版，对其显示范围进行控制。

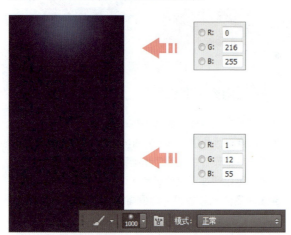

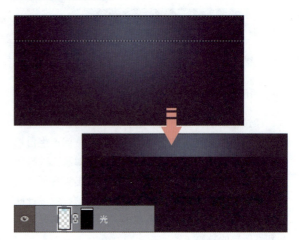

03 选择工具箱中的"横排文字工具"，在适当的位置单击，输入店铺口号的文字内容，利用"字符"面板对文字的字体、字号和字间距等属性进行设置。

04 用同样方法输入店名文字并设置属性，接着在"图层"面板中双击文本图层，在打开的"图层样式"对话框中勾选"投影"和"渐变叠加"复选框，并适当设置相应的选项，对文字进行修饰。

05 使用"横排文字工具"在适当的位置单击,输入收藏区的文字内容,利用"字符"面板设置文字的字体、字号和字间距等属性,再用"矩形工具"绘制出所需的线框。

06 使用"矩形工具"在适当的位置绘制一个矩形,作为导航的背景。在"图层"面板中双击矩形图层,在打开的"图层样式"对话框中勾选"渐变叠加"复选框,并对相应的选项进行设置。

07 使用"横排文字工具"在导航背景矩形的适当位置单击,输入导航的文字,利用"字符"面板对文字的字体、字号和字间距等进行设置,完成导航和店招的制作。

5.3.2 抠取相机打造精致的欢迎模块

相机素材的背景是白色的,为了使其融入欢迎模块的背景中,需要将相机图像抠取出来。这部分将通过抠取相机、添加文字和按钮的方式打造出精致的欢迎模块,具体制作步骤如下。

01 选择工具箱中的"矩形选框工具",在适当的位置创建矩形选区,并为选区填充适当的颜色。选择"画笔工具",在其选项栏中适当设置参数,然后在矩形的左上角绘制出渐变的打光效果。

第5章 第一印象——网店首页整体装修 157

02 将相机图像素材17.jpg添加到文件中，适当调整图像的大小，使用"钢笔工具"沿着图像边缘绘制路径，接着通过"路径"面板将路径转换为选区，基于选区添加图层蒙版，把相机图像抠选出来。

03 创建"色阶1"调整图层，在打开的"属性"面板中设置RGB选项下的色阶值分别为0、0.30、255，接着将其蒙版填充上黑色，使用白色的"画笔工具"编辑蒙版，将相机周围变暗。

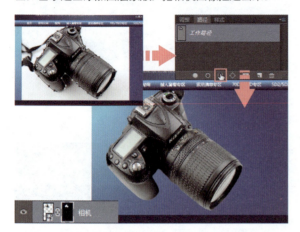

04 将除了相机和"色阶1"调整图层之外的图层隐藏，再盖印可见图层。将盖印得到的图层转换为智能对象图层，执行"滤镜＞锐化＞USM锐化"菜单命令，在打开的对话框中设置参数，对相机图像的细节进行锐化处理。

05 将隐藏的图层显示出来，选择工具箱中的"横排文字工具"，在适当的位置单击，输入商品信息文字，利用"字符"面板对文字的字体、字号和字间距等进行设置，在图像窗口中可以看到编辑后的效果。

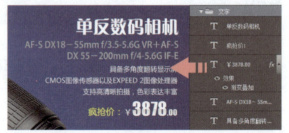

06 选择"圆角矩形工具"绘制出按钮的形状，为其应用"斜面和浮雕"、"内阴影"、"内发光"、"光泽"和"颜色叠加"图层样式。接着在按钮上添加文字，使用"投影"图层样式修饰文字，完成欢迎模块的制作。

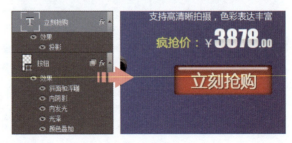

5.3.3 添加优惠券和客服区

为了让首页中的信息更加吸引顾客，在欢迎模块的下方添加优惠券和客服区，通过综合运用形状工具、文字工具和图层样式进行编辑，让这部分内容的视觉效果与整个画面相匹配，具体制作步骤如下。

01 使用"矩形工具"绘制一个矩形，填充上R238、G97、B5的颜色，接着使用"描边"图层样式对其进行修饰。再绘制一个白色的矩形，放在适当的位置。

02 选择工具箱中的"横排文字工具"，在适当的位置单击，输入优惠券的文字内容，利用"字符"面板对文字的字体、字号和字间距等进行设置，创建图层组对相关图层进行分类管理。

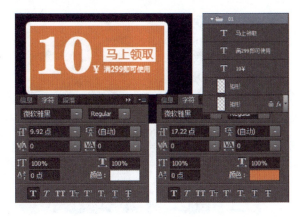

03 对制作完成的一组领取优惠券的图层组进行复制，适当调整每组信息的位置，使用"横排文字工具"更改文本内容，制作出多组不同额度的优惠券。

04 使用"矩形工具"绘制一个矩形，使用"渐变叠加"和"描边"图层样式对其进行修饰，接着在矩形中添加旺旺头像、二维码和相关文字，完成客服区的制作。

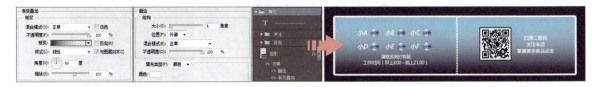

5.3.4 制作用线条引导视线的商品区

本案例使用了具有视线引导作用的曲线来对画面中的商品进行归类，本小节将绘制线条、抠取镜头图像、添加文字等，并对首页下面部分的信息进行编辑，具体制作步骤如下。

01 创建新图层，使用"钢笔工具"在适当的位置绘制出曲线路径，接着以这条曲线为基准创建路径文字，输入破折号制作出虚线的效果，将制作后的效果合并为一个图层，命名为"线条"。

02 使用"椭圆工具"绘制两个圆形，调整圆形的大小，使用"斜面和浮雕""颜色叠加""描边""内阴影"和"投影"图层样式对绘制的圆形进行修饰，将其作为标志的背景。

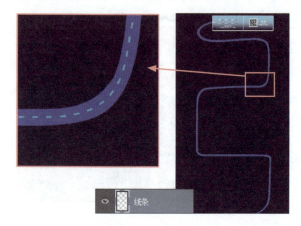

03 选择工具箱中的"横排文字工具"，在圆形标志的适当位置上单击，输入所需的内容，利用"字符"面板对文字的字体、字号和字间距等进行设置。

04 对前面绘制的标志进行两次复制，适当调整每组标志的位置，使用"横排文字工具"更改文本内容。

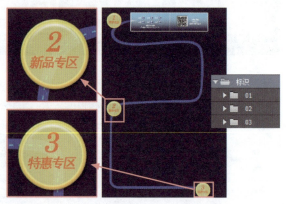

05 使用"画笔工具"在适当的位置绘制出背景光的效果,接着将镜头图像素材18.jpg添加到文件中,结合"钢笔工具"和"路径"面板将镜头图像抠取出来,放在背景光的上方。

06 创建"亮度/对比度1"调整图层,在打开的"属性"面板中设置"亮度"为-128、"对比度"为48,接着对调整图层的蒙版进行编辑,将镜头图像的四周变暗。

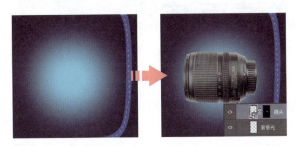

07 使用"矩形工具"绘制出所需的矩形,放在镜头图像的下方,使用"内发光"和"渐变叠加"图层样式对矩形进行修饰,让矩形的外观更具设计感。

08 使用"横排文字工具"在镜头图像的四周添加上所需的商品介绍和价格信息等文字,利用"字符"面板分别设置文字的属性,并为部分文字添加图层样式进行修饰。

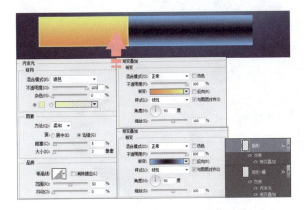

09 参考前面编辑镜头图像、绘制矩形和添加文字的操作方法,在首页的其他位置制作出所需的商品展示效果。至此本案例制作完成。

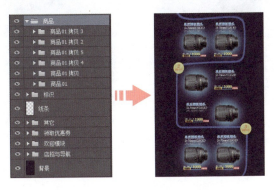

第6章

单品形象——商品详情页装修

　　商品详情页是单个商品的展台,包括与该商品相关的所有详细信息。商品详情页的设计质量直接决定了商品能否打动顾客,并说服顾客下单。通常情况下,商品详情页包含橱窗照、商品详情信息、售后信息和侧边分类栏等,将这些内容组合在一起,就塑造出了一件商品较为全面的形象。本章将以裙装、女包、金饰和腕表共四种典型商品的详情页为例,从不同的设计角度出发,打造出各具特色的装修效果,在实践中帮助读者掌握更多商品详情页的装修技巧。

本章重点

- 裙装详情页设计
- 女包详情页设计
- 金饰详情页设计
- 腕表详情页设计

6.1 裙装详情页设计

本案例是为一款裙装设计的详情页，包括整体展示、尺寸说明、细节展示和售后服务等内容，详细介绍了裙装的特点和销售信息，打造出专业化、高品质的形象。

01 技术要点

● 通过"自定形状工具""椭圆工具""矩形工具"绘制出标题栏中的形状，并将其合理地组合在一起，制作出简约风格的标题栏。

● 使用"色阶""色相/饱和度"等调整图层对裙装图像的影调和色调进行调整，使图像的色彩与商品的真实色彩吻合。

● 使用"横排文字工具"为画面添加文本信息，并通过"字符"面板对文本属性进行设置。

● 利用"剪贴蒙版"功能将裙装的局部细节展示出来，并使用"描边"图层样式对细节图像的边缘进行修饰。

● 利用"图层蒙版"抠取素材照片中的局部草地作为橱窗照的背景，利用"磁性套索工具"将模特图像抠选出来，将草地背景与模特图像合成为完整的橱窗照。

素　材	实例文件 \06\ 素材 \01.jpg ～ 03.jpg
源文件	实例文件 \06\ 源文件 \ 裙装详情页设计 .psd

02 配色分析

本案例的配色要从两个方面进行分析：一方面要从画面的设计元素配色进行分析，另一方面要从商品照片的色彩进行分析。本案例选用无彩色作为设计元素的配色，也就是使用黑色、白色、灰色来进行创作，因为黑色和灰色可以提高画面的品质感与档次，呈现出高端的视觉效果；并且由于商品照片的色彩较为清新，与无彩色的设计元素进行对比，能够形成强烈的视觉反差，让裙装的形象更加突出，有助于商品的表现，并能使整个页面主次分明。

画面设计元素配色

商品照片配色分析

03 线性风格的标题栏设计

本案例的标题栏主要使用纤细的线条进行表现，对详情页各部分的信息进行合理的分隔，在线条的两端分别添加皇冠图形和文字，以丰富标题栏的内容，使其更具设计感和美感。

04 详尽的尺寸说明设计

使用详尽的尺寸说明指示出裙装各个部位的大小，让顾客能够更加直观地感受商品的形象，并添加模特的身材尺寸供顾客参考，让顾客进一步理解和认识商品的外形。

05 可视化的售后服务设计

在商品详情页的末尾添加售后服务信息，从"发货时间""关于快递""关于色差"和"退换货"这几方面分别进行阐述，提升顾客对店铺的信任感，让顾客能够放心地下单。

在售后服务的设计中使用了可视化的流程式设计，将形象的图像与文字结合起来，以时间轴的方式表现出服务的顺序和内容，让顾客直观地感受到商家服务的诚意和专业度。

6.1.1 设计标题栏确定页面风格

本案例的标题栏主要包含文字、修饰线条和皇冠图形，通过使用"横排文字工具""椭圆工具""矩形工具"和"自定形状工具"来完成创作，由此来确定整个页面的设计风格，具体制作步骤如下。

01 启动Photoshop，新建一个文档，选择工具箱中的"横排文字工具"，输入所需的文字，利用"字符"面板分别为输入的每组文字设置不同的属性，并将其组合在一起。

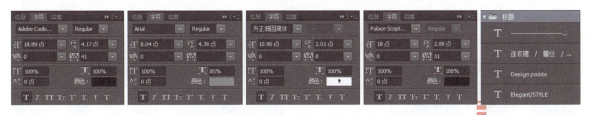

02 分别选中工具箱中的"椭圆工具"和"矩形工具"，设置填充色为黑色，绘制出圆形和矩形条，将其放在一起，作为标题栏的基本形状。

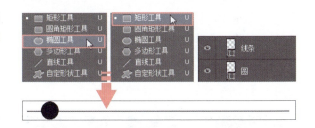

03 选择工具箱中的"横排文字工具"，在适当的位置单击，输入所需的文字，利用"字符"面板对文字的颜色、字体、字号等属性进行设置，并放在线条下方适当的位置。

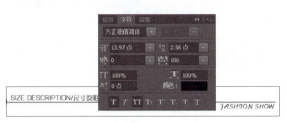

04 选择工具箱中的"自定形状工具"，在工具选项栏中选择"皇冠3"，绘制出白色的皇冠，适当调整其大小后移至黑色的圆形内，进一步修饰标题栏。

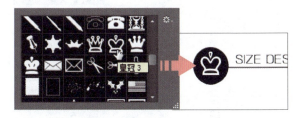

第6章 单品形象——商品详情页装修 165

6.1.2 制作详尽的裙装展示页面

本案例的详情页主要包含整体展示、尺寸说明、细节展示和售后服务四个方面的内容，它们分别使用标题栏来进行布局分隔，通过一致的配色和设计元素来统一视觉效果，具体制作步骤如下。

01 将模特图像素材01.jpg添加到图像窗口中，接着调整其大小后放到适当的位置。使用"矩形选框工具"创建矩形选区，基于选区添加图层蒙版，控制模特图像的显示范围。

02 再次将模特图像添加到选区，为选区创建"色阶1"调整图层，在打开的"属性"面板中设置RGB选项下的色阶值分别为5、1.31、255，提高画面的亮度和层次。

03 再次将模特图像添加到选区，为选区创建"色相/饱和度1"调整图层，在打开的"属性"面板中设置"红色"选项下的"饱和度"为+13，"青色"选项下的"饱和度"为+38，对画面中的特定色彩进行调整。

04 使用"椭圆工具"绘制出一个圆形，填充上白色，使用"描边"图层样式对其进行修饰，在打开的"图层样式"对话框中适当设置参数，最后在"图层"面板中设置该图层的"填充"选项参数为70%。

05 选择工具箱中的"横排文字工具"输入所需的文字,利用"字符"面板分别为输入的每组文字设置不同的属性,适当调整文字的大小,并将其组合在一起,放入圆形中。创建图层组对相关图层进行管理。

06 选择工具箱中的"矩形工具",绘制出色彩不一的矩形,分别填充上适当的颜色,将其组合成表格的样式,最后将编辑的图层合并在一起,命名为"背景矩形",作为商品详情参数的背景。

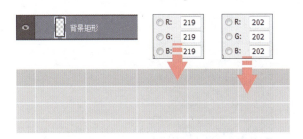

07 选择工具箱中的"横排文字工具",在表格适当的位置单击,输入所需的参数信息,调整文字的大小和位置,并为文字设置填充色为黑色。

08 使用工具箱中的"矩形工具"和"钢笔工具"绘制出裙装的示意图,并添加上相应的文字对裙装的不同部位进行说明,接着为画面添加模特图像素材02.jpg,将模特的头部图像抠选出来,移至适当位置作为装饰,最后添加文字和表格信息,完善画面内容。

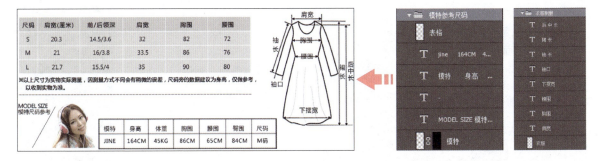

> **专家提点**
>
> 在开始进行绘图之前,必须从选项栏中选取绘图模式,绘图模式将决定是在新图层上创建矢量形状,还是在现有图层上创建工作路径或栅格化形状。

09 选择工具箱中的"矩形工具",绘制出所需的矩形,分别填充上适当的颜色,接着为其中一个矩形添加"描边"图层样式。

10 将模特图像素材02.jpg添加到图像窗口中,通过创建剪贴蒙版控制其显示范围,并为其添加"色阶2"调整图层,在打开的"属性"面板中设置RGB选项下的色阶值分别为18、1.16、211,提高图像的层次感。

11 选择工具箱中的"横排文字工具",输入所需的文字,利用"字符"面板分别设置不同文字的属性,并按照一定的顺序进行排列,接着使用"圆角矩形工具"和"自定形状工具"绘制所需的形状,适当调整大小后放在恰当的位置。

12 参考前面的编辑方法,制作出另外一组细节显示。也可以复制前面制作的第一组细节展示,再修改其中的文字、图像和颜色。

13 使用"钢笔工具"绘制出所需的形状,并将其组合在一起,合并到一个图层中,接着使用"横排文字工具"在适当的位置添加所需的文字,调整文字的属性和位置。

6.1.3 单色简约的侧边分类栏

为了让整个画面的风格保持一致,本案例的侧边分类栏在设计时使用了单色的简约色块,利用线条来对分类栏中的信息进行修饰,具体制作步骤如下。

01 选择工具箱中的"矩形工具",在商品详情介绍的左侧绘制出一个矩形,为其填充上R238、G238、B238的颜色,无描边色。

02 使用"矩形工具"绘制一个黑色的矩形,无描边色,使用"横排文字工具"在矩形中添加所需的文字,利用"字符"面板适当调整文字的字体、大小等属性,并移至合适的位置。

03 使用工具箱中的"钢笔工具"绘制出所需的多边形,适当调整形状的位置,使其看起来好像纸片折角的效果,分别为其填充上黑色和R105、G104、B104的颜色,无描边色,在图像窗口中可以看到编辑后的效果。

04 使用"横排文字工具"在适当的位置输入所需的文字,利用"字符"面板设置文字的属性,在图像窗口中可以看到编辑的效果。

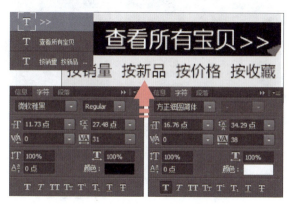

05 参考前面的方法制作出分类栏中其余分组的信息,以水平居中的排列方式组合在一起,完成侧边分类栏的制作。

6.1.4　清新自然的裙装橱窗照

在裙装橱窗照的设计中,通过抠图并合成的方式将模特的形象与草地背景组合在一起,再利用"色阶"和"色相/饱和度"调整图层对画面的影调与色调进行修饰,具体制作步骤如下。

01 将模特图像素材01.jpg添加到图像窗口中,适当调整其大小,使用"矩形选框工具"创建正方形选区,基于选区创建图层蒙版,对图像的显示范围进行控制,只显示出草地部分。

02 将模特图像素材03.jpg添加到图像窗口中,适当调整其大小,接着使用"磁性套索工具"沿着模特图像的边缘创建选区,再基于选区添加图层蒙版将模特图像抠取出来,与背景合成在一起。

03 将模特图像添加到选区中,为选区创建"色阶3"调整图层,在打开的"属性"面板中设置RGB选项下的色阶值分别为0、1.22、236,提亮模特图像的影调。

04 再次将模特图像添加到选区中,为选区创建"色相/饱和度2"调整图层,在打开的"属性"面板中设置"青色"选项下的"饱和度"为+50、"红色"选项下的"饱和度"为+13。至此本案例制作完成。

6.2 女包详情页设计

本案例是为一款女包设计的商品详情页，设计中以商品颜色作为指导进行创作，通过详尽的商品信息展示来突显女包的质感和特点。

01 技术要点

- 使用"横排文字工具"和"矩形工具"制作出简约大方的标题栏。
- 结合使用"磁性套索工具"和"图层蒙版"将女包图像抠取出来，利用"剪贴蒙版"控制女包图像的显示范围。
- 利用"色阶""亮度/对比度"和"色相/饱和度"调整图层对女包图像的层次、亮度和色调进行调整，使其更具视觉冲击力。
- 利用"颜色加深"图层混合模式将女包图像素材叠加到侧边分类栏中，作为修饰图像。
- 使用"渐变填充"填充图层制作出橱窗照的背景，并通过"渐变工具"制作倒影效果，让女包呈现出逼真的立体感。

| 素材 | 实例文件 \06\ 素材 \04.jpg ～ 06.jpg |
| 源文件 | 实例文件 \06\ 源文件 \ 女包详情页设计 .psd |

02 配色分析

先对女包的色彩进行分析。这款女包的外观有繁复的花纹图案，所包含的色彩也较多，在设计时提取了其中一种颜色作为主色调进行配色，即橡皮红。因为橡皮红没有粉红色的稚气和洋红的强势，却兼有两者的优点，是一种适应性较广的色彩。而且橡皮红是一种象征浪漫爱情的色彩，受到许多女性的喜爱，以橡皮红为主色调的画面能够营造出优雅、浪漫的视觉感受，更容易被女性顾客接受。此外，为了保证画面色调的统一，以橡皮红为基础，通过改变其明度进行扩展配色，形成本案例画面设计元素的配色方案。

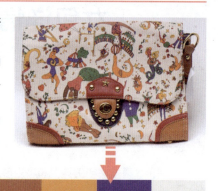

画面设计元素配色　　　　　　　　　　　　箱包配色分析

03 单色色块构成的标题栏

在本案例的标题栏设计秉承了画面主要的配色，用橡皮红的矩形作为标题栏的背景，并直接在矩形条上添加文字。这种单色色块组成的标题栏能够营造出大气、简约的视觉效果，并能很好地对详情页中的信息进行分隔和布局，避免信息的混淆。

04 倒影和尺寸标示设计

在箱包的详情说明设计中，使用了渐隐的倒影和具体的尺寸标志来增强箱包的真实感，这样可以让顾客更加直观地感受到箱包的存在，更容易理解箱包的大小和体积，避免由于缺乏具体的标志而对商品产生错误的判断。

05 用色彩增强侧边分类栏层次

相同色相、不同明暗程度的色彩搭配可以把层级关系表现得更加清晰。在本案例的侧边分类栏设计中，使用较深的橡皮红填充标题，用较淡的橡皮红矩形作为一级商品类别的背景，用灰色作为二级商品类别的背景，这样层层递进的色彩表现能让侧边分类栏的层级关系更加直观，便于顾客阅读和理解。

6.2.1 利用广告图展示女包形象

本案例在商品详情页的顶部制作广告图对女包的形象进行展示，布局简约、配色和谐的画面能给顾客留下美好的印象，具体制作步骤如下。

01 新建一个文档，在工具箱中设置前景色为R235、G225、B224的颜色，新建图层，使用"矩形选框工具"创建矩形选区，按下快捷键Alt+Delete，为选区填充上前景色。

02 将女包图像素材04.jpg添加到图像窗口中，适当调整其角度和大小。用"磁性套索工具"沿着女包图像边缘创建选区，将图像抠选出来，再利用剪贴蒙版对图像的显示范围进行控制。

03 将女包图像添加到选区，为选区创建"色阶1"调整图层，在打开的"属性"面板中设置RGB选项下的色阶值分别为19、1.68、244，提亮女包图像的影调。

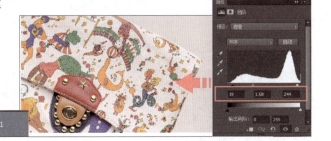

04 选择工具箱中的"横排文字工具"，在画面适当的位置单击并输入所需的文字，利用"字符"面板对文字的字体、字号和颜色等属性进行设置，结合"段落"面板以右对齐的方式对文字的位置进行调整，完成广告图的制作。

6.2.2　专业全面的女包详情

本案例的商品详情包含产品信息、颜色展示、细节展示和会员制度四项内容，分别用单色色块的标题栏隔开，每组信息都以精美的图片和详尽的文字进行展现，具体制作步骤如下。

01 使用"矩形工具"绘制一个矩形，填充上R197、G71、B79的颜色，无描边色。接着选择"横排文字工具"在矩形中适当的位置添加标题栏文字，利用"字符"面板分别对文字的属性进行设置。

02 使用"横排文字工具"继续添加所需的内容文字，利用"字符"面板设置文字的字体、字号、字间距和颜色等属性，在图像窗口中可以看到编辑的效果。

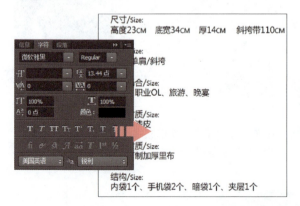

03 使用"矩形工具"绘制出正方形，设置其填充为R201、G156、B123，无描边色。接着复制正方形，移至文字的左侧，制作出项目符号的效果，让内容显得井井有条。

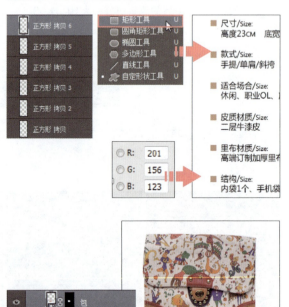

04 再次将女包图像素材04.jpg添加到图像窗口中，适当调整其大小，使用"图层蒙版"将其抠选出来。接着对女包图像进行复制，栅格化图层之后垂直翻转，移至女包图层的下方，使用"渐变工具"对其图层蒙版进行编辑，制作出投影的效果。

05 将女包图像添加到选区，为选区创建"色阶2"调整图层，在打开的"属性"面板中设置RGB选项下的色阶值分别为12、1.17、244，提亮女包图像的影调。

06 使用"矩形工具"绘制出矩形条，作为女包尺寸标示的标尺，接着使用"横排文字工具"在适当的位置输入尺寸信息文字，创建图层组对相关图层进行分类管理。

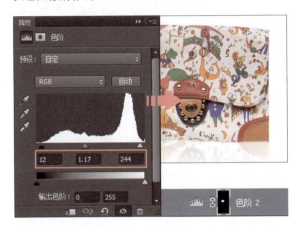

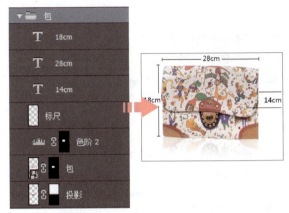

07 对前面制作的标题栏进行复制，并更改标题栏中的文字，接着对抠取的女包图像进行复制，适当调整图像的大小后进行均匀排列。

08 将三个女包图像同时添加到选区中，为选区创建"亮度/对比度1"调整图层，在打开的"属性"面板中设置"亮度"为9、"对比度"为22，调整女包图像的亮度和对比度。

09 使用"色相/饱和度"调整图层分别对后两个女包图像的颜色进行调整，通过编辑图层蒙版控制颜色调整的范围，制作出不同颜色商品的展示效果。

10 将后两个女包图像添加到选区，为选区创建"自然饱和度1"调整图层，在打开的"属性"面板中设置"自然饱和度"为-49，降低图像的饱和度。

11 对前面编辑好的女包图像的图层进行复制，将其合并为一个图层并进行垂直翻转，为该图层添加图层蒙版，使用"渐变工具"编辑图层蒙版，制作出女包的倒影效果。

12 绘制一个矩形，填充上白色，作为女包细节展示区域的背景；接着将模特图像素材05.jpg添加到图像窗口中并做水平翻转，使用图层蒙版和剪贴蒙版对其显示范围进行控制；最后对前面编辑好的女包图像进行复制，放在适当的位置。

13 使用"矩形工具"绘制出正方形，分别填充上适当的颜色，使用"描边"图层样式对正方形进行修饰，并在"图层"面板中调整部分正方形图层的"填充"选项为10%。

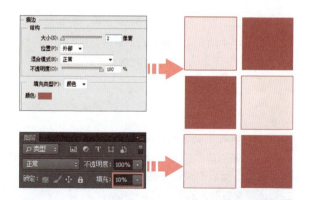

14 将女包图像素材04.jpg再次添加到图像窗口中，通过创建剪贴蒙版的方式将其局部细节展示出来，接着使用"横排文字工具"在矩形中添加相应的说明文字，利用"字符"面板对文字的属性进行设置。

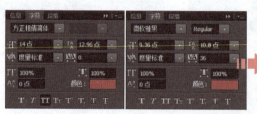

15 使用"横排文字工具"在适当位置输入文字,利用"字符"面板设置文字属性,利用"描边"图层样式对文字进行修饰。

16 使用"矩形工具"绘制出矩形,填充上白色,无描边色,作为"会员制度"区的背景。为这些矩形添加"描边"图层样式进行修饰,并按照一定的顺序调整矩形的位置。

17 使用"横排文字工具"在矩形中适当的位置输入"会员制度"区的相关文字,利用"字符"面板对文字的字体、字号和颜色进行设置。

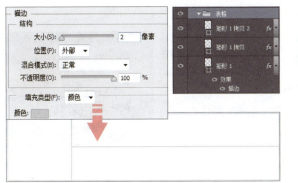

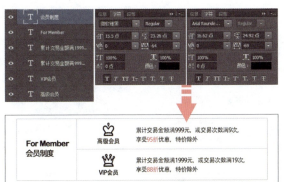

18 对前面制作的标题栏进行复制,更改复制后标题栏的文字内容,作为"会员制度"区的标题栏。为体现会员的尊贵感,使用"自定形状工具"绘制出皇冠形状,适当调整皇冠形状的大小,填充上黑色,无描边色,放在适当的位置作为装饰,完成女包详情的制作。

6.2.3 制作侧边分类栏

本案例的侧边分类栏主要通过颜色的明度变化来区分层级关系,通过在"图层"面板中降低图形图层的"填充"选项,使其色彩变亮,并添加手提包图像素材来修饰侧边分类栏的标题,具体制作步骤如下。

01 使用"矩形工具"绘制出两个矩形,分别填充上R197、G71、B79和R238、G238、B238的颜色,无描边色,作为侧边分类栏的背景,在图像窗口中可以看到编辑后的效果。

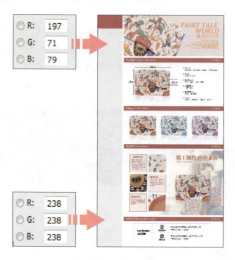

02 使用"矩形工具"绘制出5个矩形,填充上适当的颜色,使用"描边"图层样式对矩形进行修饰,并在"图层"面板中设置"填充"为30%,均匀排列在适当的位置。

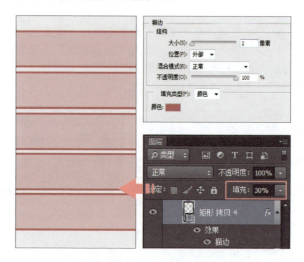

03 使用"横排文字工具"在适当的位置输入侧边分类栏的文字信息,利用"字符"面板对文字的字体、字号和颜色进行设置,在图像窗口中可以看到编辑后的效果。

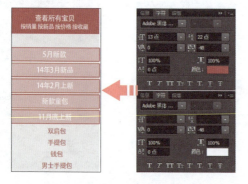

04 将手提包图像素材06.jpg添加到图像窗口中,调整其大小,接着在"图层"面板中设置该图层的混合模式为"颜色加深",使其与背景中的色块自然地融合在一起。

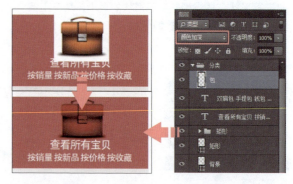

6.2.4 添加收藏区丰富侧边分类栏

侧边分类栏是顾客经常浏览的模块,在其中添加收藏区可以提升店铺的收藏率。本案例中通过对文字进行艺术化的组合,将收藏区嵌入侧边分类栏中,具体制作步骤如下。

01 使用"矩形工具"绘制两个矩形,分别填充上R197、G71、B79的颜色和白色,无描边色,适当调整矩形的大小,并排列在合适的位置。

02 使用"横排文字工具"在矩形上输入收藏区文字,利用"字符"面板调整文字的字体和字号,再将文字适当排列组合,完成收藏区的制作。

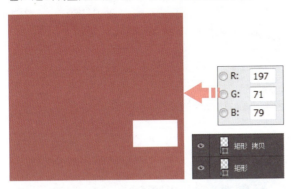

6.2.5 专业简约的女包橱窗照

为了让顾客能够直观地了解女包的外观和颜色种类,在设计橱窗照时,将作为主打颜色的女包放大,在其下方放置其余颜色的女包,制作出专业简约的橱窗照,具体制作步骤如下。

01 使用"矩形选框工具"创建正方形选区,为选区创建"渐变填充1"填充图层,在打开的"渐变填充"对话框中对各项参数进行适当设置,为选区填充渐变色,作为橱窗照的背景。

02 对前面抠取的女包图像进行复制,按下快捷键Ctrl+T,打开自由变换框,利用自由变换框对图像的大小进行调整,并将图像移至渐变色正方形背景的上方。

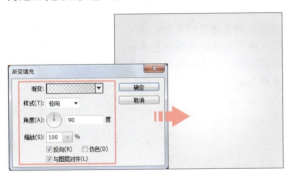

03 对前面制作的三种颜色的女包展示图像进行复制,按下快捷键Ctrl+T,利用自由变换框对图像的大小和位置进行调整,放在较大的女包图像下方。

04 将橱窗照中的女包图像添加到选区,为选区创建"曲线1"调整图层,在打开的"属性"面板中调整曲线的形状,提亮图像,完成橱窗照的制作。至此本案例制作完成。

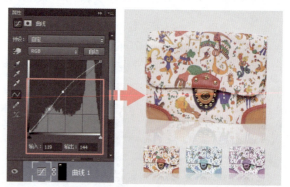

专家提点

在编辑"曲线"调整图层的过程中,不同的曲线形状会对图像的不同区域产生影响,其中最常用的就是C形曲线和S形曲线。

C形曲线可以对照片整体的明暗进行调整。当曲线呈正C形时,将主要提高画面中间调区域的亮度,同时少量提高暗部区域和亮部区域的亮度;当曲线呈反C形时,将主要降低画面中间调区域的亮度,使图像变暗,并少量降低暗部区域和亮部区域的亮度。如右图所示为使用正C形曲线调整女包图像的亮度。

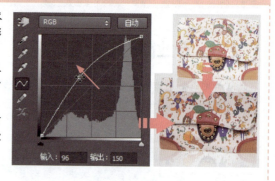

S形曲线可以少量提高照片的中间调以及不特别明亮或特别暗的区域的对比度,它可以将1/4色调区域的图像变得更亮,将3/4色调区域的图像变得更暗,由此让画面的整体对比度增强,提升照片的层次感。如左图所示为使用S形曲线对女包图像进行层次调整。

6.3 金饰详情页设计

本案例是为一款金戒指设计的商品详情页,由于金戒指具有特殊的材质和较小的体积,并且价格较高,在制作时要突显其造型、质感等特点,提高商品的档次。

01 技术要点

● 制作标题栏的修饰线条时,利用"渐变工具"对图层蒙版进行编辑,制作出两端渐隐的线条效果。

● 使用"钢笔工具"沿着戒指图像的边缘创建路径,将路径转换为选区,再添加图层蒙版,把戒指图像抠取出来。

● 利用"横排文字工具"为画面添加文字,利用"字符"面板设置文字的属性。

● 使用"曲线""色阶""亮度/对比度""色相/饱和度"调整图层调整戒指图像的影调和色调,使其呈现出金光闪闪的效果。

● 用"USM 锐化"滤镜锐化戒指图像,使其细节更加清晰和精致。

| 素材 | 实例文件 \06\ 素材 \07.jpg ~ 11.jpg、12.psd、13.jpg |
| 源文件 | 实例文件 \06\ 源文件 \ 金饰详情页设计 .psd |

02 配色分析

本案例中戒指的颜色属于暖色调，而与之相搭配的暗红色也属于暖色调，而咖啡色是中性偏暖色调，这几种颜色搭配在一起，可以让画面表现出浓浓的热情，呈现出高贵、优雅的视觉效果。而且戒指的金色与暗红色和咖啡色之间存在强烈的反差，能使商品更加突显，完整地呈现与大自然中太阳的颜色相似的辉煌光泽，散发出温暖与幸福的魅力，非常契合戒指的目标顾客对美好婚姻生活的向往之情。

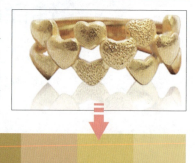

设计元素配色分析　　　　　　　　　　商品颜色配色分析

03 简约大气的标题栏

线条是标题栏中常用的一种元素。在本案例中，为了营造大气、简约的视觉效果，将标题栏中的线条设计为渐隐渐现的效果，这样的设计使得线条给人以无限伸展的感觉。标题文字采用中英文对应搭配，放置在居中位置，并添加鱼尾括号让视觉效果更集中，有助于顾客第一时间抓住重点信息。

04 清晰的流程式的工艺介绍

在商品详情页的底部添加了制作工艺介绍，将流程按时间的先后顺序排列，以箭头对视线进行引导，让顾客直观地了解商品的制作流程，便于顾客理解和阅读，有助于提高店铺的专业度，增强顾客对商品的认可度和信赖感。

05 内容丰富的侧边分类栏

为了让顾客感受到店铺的服务品质，在设计本案例的侧边分类栏时，通过暗色的标题对每组信息进行分隔，在其中添加了金价、客服区、搜索区等信息，丰富的内容有助于提高顾客的购买欲，同时突显画面设计的精致感。

6.3.1 高端大气的金饰详情

金饰详情包括服务承诺、饰品信息、场景展示、佩戴展示和工艺简介五个方面的内容，都是通过标题栏分隔开的，每组信息都包含丰富的内容，具体制作步骤如下。

01 新建一个文档，使用"矩形工具"绘制出一个矩形，填充上R245、G245、B245的颜色，无描边色，接着使用"横排文字工具"添加相应的文字，利用"字符"面板设置文字的属性。

02 使用"椭圆工具"绘制出正圆形，适当调整其大小，填充上R201、G201、B201的颜色，无描边色。对圆形进行复制，在每段文字的开始位置放置一个，制作出项目符号的效果。

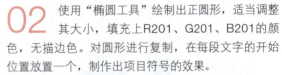

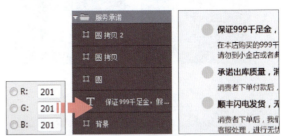

03 使用"横排文字工具"输入标题文字，并利用"字符"面板对文字的属性进行设置。

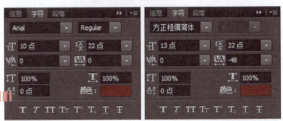

04 为标题文字图层添加图层蒙版，在工具箱中选择"渐变工具"，设置渐变色为黑色到白色到黑色的线性渐变，使用该工具编辑图层蒙版，让文字呈现出两端渐隐的效果。

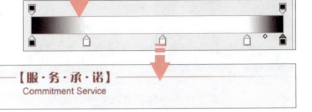

05 使用"矩形工具"绘制一个矩形，接着将戒指图像素材07.jpg添加到图像窗口中，适当调整其大小，创建剪贴蒙版对戒指图像的显示范围进行控制。

06 将戒指图像素材添加到选区中，为选区创建"曲线1"调整图层，在打开的"属性"面板中编辑曲线的形状，提高戒指图像的亮度，在图像窗口中可以看到画面变得更亮了。

07 将戒指图像素材再次添加到选区中，为选区创建"亮度/对比度1"调整图层，在打开的"属性"面板中设置"亮度"为6、"对比度"为31，提高戒指图像的亮度和对比度，使其层次增强。

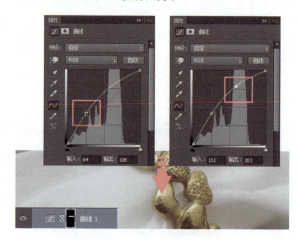

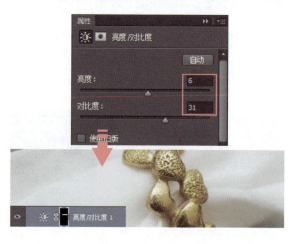

08 将戒指图像素材再次添加到选区中，为选区创建"色阶1"调整图层，在打开的"属性"面板中设置RGB选项下的色阶值为0、1.00、240，进一步调整戒指图像的亮度和层次。

09 使用"横排文字工具"在画面的适当位置添加文字，调整文字的字体、字号和颜色等属性，将文字移至画面左侧。最后创建图层组，命名为"广告图"，对编辑的图层进行管理。

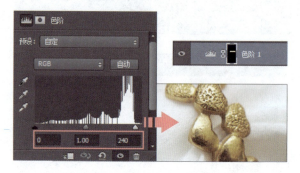

10 对前面制作的标题栏进行复制，更改复制后标题栏中的文字信息，接着使用"矩形工具"绘制出矩形，填充上R245、G245、B245的颜色，无描边色，作为文字的底色背景。

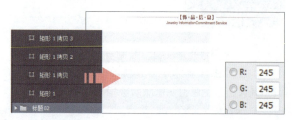

11 使用"横排文字工具"在画面的适当位置添加戒指的详细介绍文字，调整文字的字体、字号和颜色等属性。最后创建图层组，命名为"文字"，对编辑的图层进行管理。

12 将戒指图像素材08.jpg添加到图像窗口中，使用"钢笔工具"沿着戒指图像边缘绘制路径，将绘制的路径转换为选区，基于选区创建图层蒙版，将戒指图像抠选出来。

13 复制抠取的"金饰品"图层，进行栅格化和应用蒙版操作后，将其移至戒指图像下方，进行垂直翻转处理，添加图层蒙版后使用"渐变工具"编辑图层蒙版，制作出戒指的倒影效果。

14 按住Ctrl键的同时单击"金饰品"图层的蒙版缩览图，将戒指图像添加到选区中，为选区创建"亮度/对比度2"调整图层，在打开的"属性"面板中设置"亮度"为22、"对比度"为52，提高戒指图像的亮度和对比度。

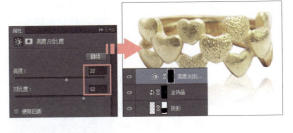

15 再次将戒指图像添加到选区中，为选区创建"色相/饱和度1"调整图层，在打开的"属性"面板中设置"全图"选项下的"色相"为-3、"饱和度"为+17，适当调整戒指图像的颜色。

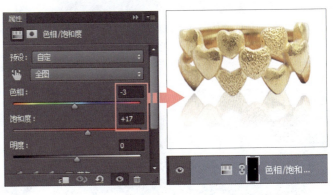

16 使用"横排文字工具"在适当的位置输入符号文字,使其呈标尺样式,利用"字符"面板对文字的属性进行设置,在图像窗口中可以看到编辑后的效果。

17 使用"横排文字工具"继续在适当的位置输入戒指的尺寸信息,利用"字符"面板设置文字的属性,在图像窗口中可以看到编辑的效果,完成饰品信息的制作。

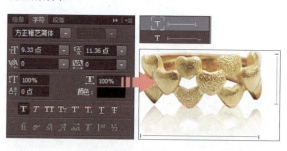
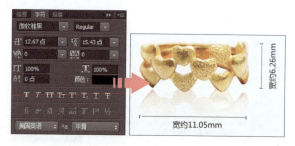

6.3.2 精致的场景及佩戴展示

场景展示是指将戒指放在精心布置的场景中进行展示,佩戴展示则是指模特亲自佩戴戒指进行展示,在设计中要注意画面色调的一致性和图像的清晰度,具体制作步骤如下。

01 对前面编辑的标题栏进行复制,更改复制后标题栏的文字信息,接着绘制出矩形,将戒指图像素材09.jpg添加到图像窗口中,创建剪贴蒙版对戒指图像的显示范围进行控制。

02 将戒指图像添加到选区中,为选区创建"曲线2"调整图层,在打开的"属性"面板中调整曲线的形状,在图像窗口中可以看到编辑后的戒指图像变得更明亮了。

03 为戒指图像选区创建"色相/饱和度2"调整图层,在"属性"面板中设置"全图"选项下的"色相"为-7,"红色"选项下的"色相"为-25、"明度"为+33。

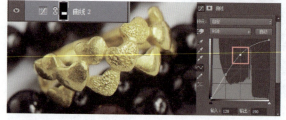

04 复制前面制作的标题栏，更改复制后标题栏的文字信息，接着使用"圆角矩形工具"在适当位置绘制出圆角矩形，对绘制的圆角矩形进行复制，将两个圆角矩形按照底边对齐的方式进行排列。

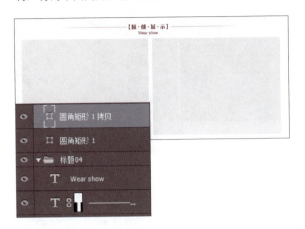

05 将模特佩戴戒指的图像素材10.jpg、11.jpg添加到图像窗口中，适当调整图像的位置，通过创建剪贴蒙版的方式对图像的显示范围进行控制，在图像窗口中可以看到编辑后的效果。

06 将戒指佩戴图像添加到选区，分别使用不同的"色阶"调整图层设置对图像的层次和亮度进行调整，在图像窗口中可以看到编辑后的效果。

07 复制编辑好的戒指佩戴图像，合并为一个图层后命名为"合并-模糊"，接着选择"模糊工具"，在其选项栏中适当设置参数，在手部皮肤上涂抹，让手部皮肤变得更细腻和光滑。

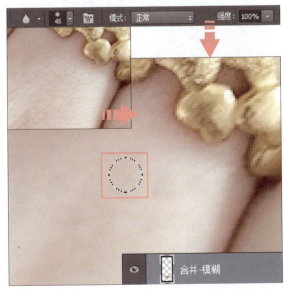

08 复制前面编辑好的戒指佩戴图像，合并为一个图层后将其转换为智能对象图层，执行"滤镜＞锐化＞USM锐化"菜单命令，在打开的对话框中设置参数，对图像进行锐化处理。

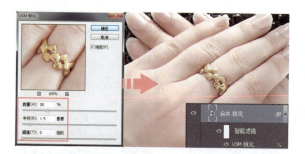

09 将图像添加到选区，分别为选区创建"自然饱和度1"与"色相/饱和度3"调整图层，在打开的"属性"面板中对各个选项的参数进行设置，调整画面的色调。

10 复制前面制作的标题栏，更改复制后标题栏的文字信息，接着使用"横排文字工具"在适当的位置添加上文字，利用"字符"面板设置文字的属性，按照居中对齐的方式排列。

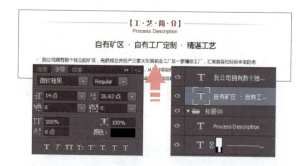

11 使用"椭圆工具"绘制出圆形，填充上R72、G45、B34的颜色，无描边色。对圆形进行复制，按照相同的间距进行排列，作为工艺流程的背景色块。

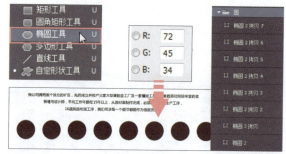

12 使用"横排文字工具"在圆形之间输入箭头符号，利用"字符"面板对箭头符号的字体进行设置。

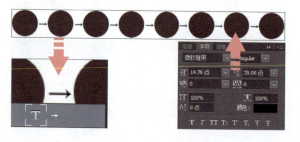

13 使用"横排文字工具"在适当的位置添加工艺流程的介绍文字，利用"字符"面板设置文字的属性，完成金饰详情的制作。

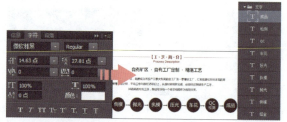

6.3.3 内容丰富的侧边分类栏

由于金饰是较为稀有、贵重的商品，所以在侧边分类栏中为其添加了多组信息，包括今日金价、客服区、收藏区、商品分类、搜索区等，每组信息都与金饰有着密切的关联，让顾客能够感受到卖家无微不至的服务，具体制作步骤如下。

01 使用"矩形工具"绘制灰色的矩形作为侧边分类栏的背景。再绘制一个矩形，使用"描边"图层样式对其进行修饰，并在"图层"面板中设置"填充"选项为0%。

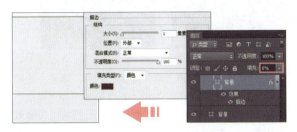

02 再次绘制一个矩形，在"图层"面板中双击该矩形图层，在打开的"图层样式"对话框中勾选"渐变叠加"复选框，并在相应的选项卡中对参数进行适当设置。

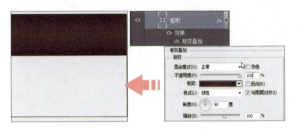

03 使用"横排文字工具"在绘制的矩形中添加"今日金价"专区的文字，利用"字符"面板适当调整文字的大小和颜色。

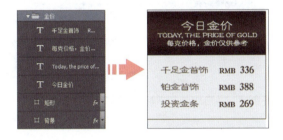

04 参考前面绘制矩形线框和渐变矩形的方法，制作出"客服在线"专区的大致形状，以相同的字体添加标题和客服名称。

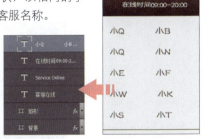

05 将旺旺头像素材12.psd添加到图像窗口中，按下快捷键Ctrl+T，使用自由变换框对旺旺头像的大小进行调整，接着对旺旺头像进行复制，放在客服名称的右侧，进行均匀排列，最后创建图层组对编辑的图层进行管理。

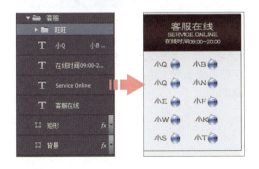

06 参考前面绘制矩形线框和渐变矩形的方法，制作出"好评晒图"专区的大致形状，以相同的字体为该区域添加标题。

07 使用"横排文字工具"在适当的位置添加"返5元现金"的字样，利用"字符"面板对文字的字体、字号和颜色进行设置。

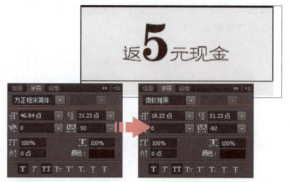

08 参考前面绘制矩形线框和渐变矩形的方法，制作出"产品分类"专区的大致形状，以相同的字体为该区域添加标题。

09 使用"矩形工具"绘制出矩形，填充上适当的颜色，接着使用"渐变叠加"和"描边"图层样式对其进行修饰，并在"图层"面板中设置其"填充"选项为20%。

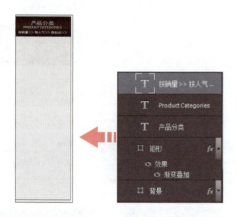

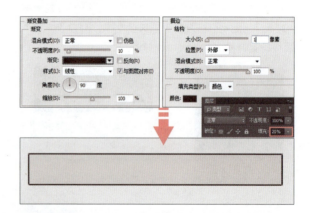

10 使用"横排文字工具"在适当的位置添加相关的分类信息文字，利用"字符"面板对文字的字体、字号和颜色进行设置。

11 参考前面的编辑方法，制作出其余的分类信息组，并创建图层组对每组分类信息的图层进行管理。

12 参考前面绘制矩形线框和渐变矩形的方法，制作出"快速搜索"专区的大致形状，并使用"矩形工具"和"横排文字工具"完善该区域的内容。

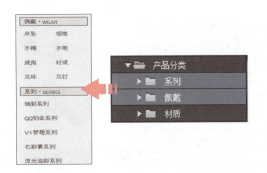
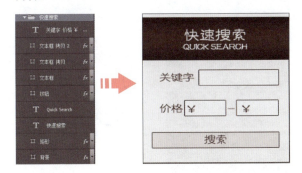

6.3.4 典雅简约的金饰橱窗照

由于材质特殊，金饰本身就是一个充满吸引力的商品。在设计橱窗照的过程中，只需将戒指的外形、色泽和细节表现出来，就能打造出典雅简约的效果，具体制作步骤如下。

01 使用"矩形选框工具"创建正方形选区，为选区创建"渐变填充1"填充图层，在打开的"渐变填充"对话框中对相关的选项进行设置，为选区填充渐变颜色，作为橱窗照的背景。

02 将戒指图像素材13.jpg添加到图像窗口中，使用"钢笔工具"沿着戒指图像边缘绘制路径，将路径转换为选区，基于选区创建图层蒙版，将戒指图像抠选出来，并适当调整其角度、大小和位置。

03 按住Ctrl键的同时单击"金饰"图层的图层蒙版缩览图，将戒指图像添加到选区中，在图像窗口中可以看到创建的选区效果。

04 为选区创建"色相/饱和度1"调整图层,在打开的"属性"面板中设置"全图"选项下的"色相"为-2、"饱和度"为+38,对戒指图像的颜色进行细微的调整。

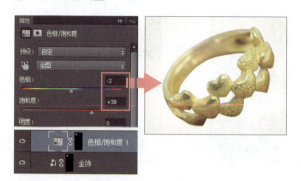

05 再次将戒指图像添加到选区中,为选区创建"色阶6"调整图层,在打开的"属性"面板中设置RGB选项下的色阶值分别为30、1.36、219,在图像窗口中可以看到戒指图像变亮了。

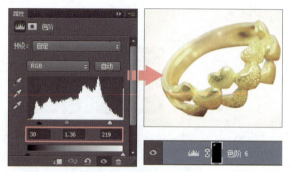

06 再次将戒指图像添加到选区中,为选区创建"亮度/对比度3"调整图层,在打开的"属性"面板中设置"亮度"为14、"对比度"为19,提高戒指图像的亮度和对比度。

07 创建"颜色填充1"填充图层,设置填充色为R247、G212、B0,将该图层的蒙版填充为黑色,把戒指图像添加到选区中,使用白色的"画笔工具"编辑填充图层的蒙版。

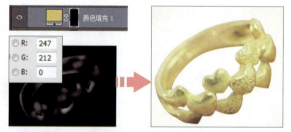

08 将前面编辑戒指图像的所有图层进行复制,合并为一个图层后转换为智能对象图层,接着执行"滤镜>锐化>USM锐化"菜单命令,在打开的"USM锐化"对话框中设置"数量"为100%、"半径"为2.0像素、"阈值"为1色阶,对图像进行锐化处理。至此本案例制作完成。

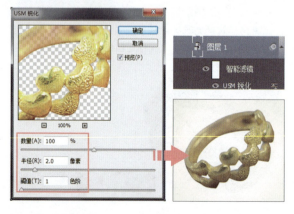

6.4 腕表详情页设计

本案例是为一款男式腕表设计的商品详情页，画面以黑色作为背景，暗色的影调让腕表的金属材质表现得更加硬朗和高贵，打造出高品质的形象。

01 技术要点

- 使用"明度"混合模式将腕表图像与黑色的背景自然地融合在一起，并通过"亮度/对比度"调整图层来增强腕表表面的金属光泽感。
- 利用"USM锐化"滤镜来增强腕表表盘细节的锐利度，表现出精致的细节。
- 利用"横排文字工具"为画面添加文字，并利用"字符"面板设置文字的属性。
- 使用"斜面和浮雕""描边""光泽"和"图案叠加"图层样式对侧边分类栏的图形进行修饰，制作出金属光泽的质感。
- 结合使用多种形状工具绘制出画面中的形状，辅助文字和商品的表现。

素　材　实例文件 \06\ 素材 \12.psd、14.jpg ~ 18.jpg
源文件　实例文件 \06\ 源文件 \ 腕表详情页设计 .psd

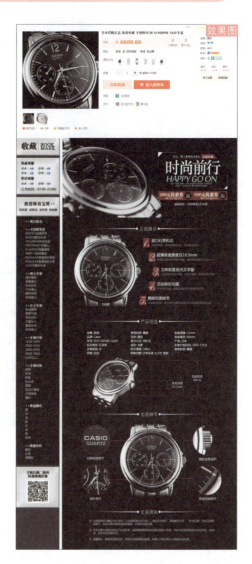

第6章　单品形象——商品详情页装修　193

02 配色分析

本案例中的腕表为无彩色的金属色，商品自身的色彩便形成了一种无彩色配色。在不破坏画面统一性的前提下，在黑白的商品画面中添加暗红色，创作出色彩辅助点，改变单一的视觉效果，让无彩色与有彩色形成碰撞，强烈的对比效应可以使顾客产生视觉上的刺激感，从而留下较为深刻的印象，大幅度提升顾客对商品的整体印象。具体配色如右图所示。

03 与腕表风格相互呼应的侧边分类栏

为了使整个商品详情页的材质和配色都高度一致，制作侧边分类栏标题的背景矩形时，为其添加了多种图层样式，使其呈现出金属光泽，与腕表外观中硬朗的金属质地相互呼应，表现出和谐、统一的视觉效果，让顾客能够获得一种色彩和谐、质感和谐的愉悦之感。

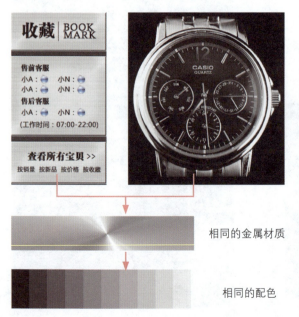

04 清晰的测量与指示

由于腕表是一种价格较高的商品，为顾客展示出其细节和品质是设计商品详情页的关键。本案例通过较精确的尺寸标注来告知顾客表面的宽度和厚度，直观地为顾客塑造商品的外观尺寸印象，接着通过对局部区域进行放大，让顾客掌握腕表表盘的更多细节，进一步突显商品的品质。微距的放大表现能够体现出腕表的精致做工和高档品质，可以在顾客的心中留下深刻的印象。

6.4.1 冷酷大气的广告图

在本案例详情页的顶部，设计了一张腕表的广告图，将艺术化编排后的文字与腕表侧面深邃的图像组合在一起，营造出冷酷大气的氛围，提升了腕表的档次，具体制作步骤如下。

01 新建一个文档，绘制一个黑色的矩形作为商品详情页的背景。将腕表图像素材14.jpg添加到图像窗口中，适当调整图像的大小和位置，设置该图层的混合模式为"明度"，使图像融入背景。

02 使用"矩形工具"和"钢笔工具"绘制出边框形状，填充上白色，无描边色。使用"横排文字工具"为画面添加文字，利用"字符"面板对文字的属性进行设置。

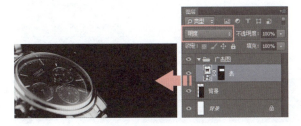

03 使用"钢笔工具"绘制出形状，填充上R125、G0、B34的颜色，再使用"横排文字工具"为画面添加文字，利用"字符"面板对文字的属性进行设置。

04 使用"椭圆工具"和"矩形工具"绘制出形状，接着为其添加"颜色叠加"图层样式，将其作为修饰形状，在图像窗口中可以看到编辑后的效果。

05 用"横排文字工具"在适当的位置输入优惠券信息，并对文字的字体、字号和颜色等进行设置，完成广告图的制作。

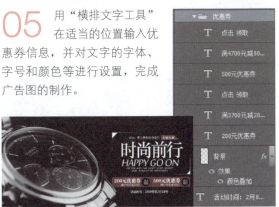

6.4.2 暗色调的商品详情

商品详情包括"正面展示""产品信息""完美细节"和"交易须知"几部分,使用标题栏对它们进行分隔,使用黑色作为画面背景,打造出深邃、精致的画面效果,具体制作步骤如下。

01 用"椭圆工具"绘制出正圆形,用"钢笔工具"绘制出三角形,使用"渐变叠加"图层样式对三角形进行修饰,接着添加文字,利用"字符"面板对文字的属性进行设置,完成标题栏的制作。

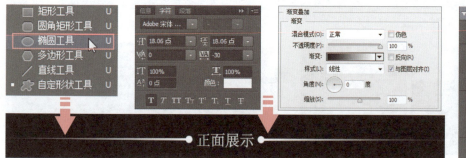

02 将腕表图像素材15.jpg拖动到图像窗口中,得到相应的智能对象图层。适当调整腕表图像的大小和位置,使用图层蒙版控制图像的显示范围,并设置图层的混合模式为"明度"。

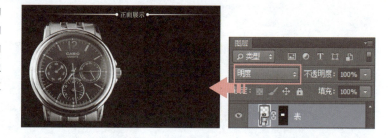

03 将腕表图像添加到选区,为选区创建"亮度/对比度1"调整图层,在打开的"属性"面板中设置"对比度"为100,提高明部和暗部之间的对比。

04 使用"矩形工具"绘制一个矩形,填充适当的颜色,无描边色,接着使用"横排文字工具"在矩形中输入数字序号,利用"字符"面板对文字的属性进行设置。

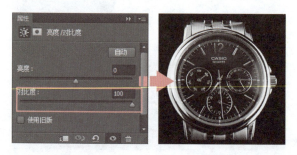
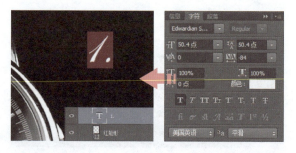

05 继续使用"横排文字工具"添加文字，利用"字符"面板对文字的属性进行设置，并分别设置文字的颜色为白色和灰色，调整文字的位置。

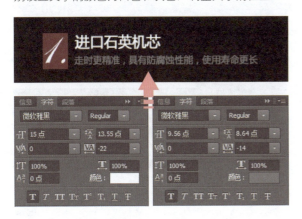

06 参考前面的方法和设置参数，在画面中制作出其他的文字信息，并创建图层组，对每组文字信息进行分组管理。

07 对前面制作的标题栏图层组进行复制，适当移动复制的标题栏的位置，接着使用"横排文字工具"更改标题的文字内容为"产品信息"。

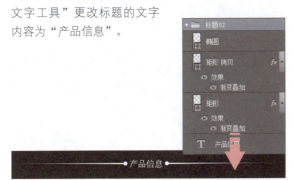

08 使用"横排文字工具"在适当的位置输入文字，利用"字符"面板对文字的行间距、字间距、字体、字号和颜色等进行设置。

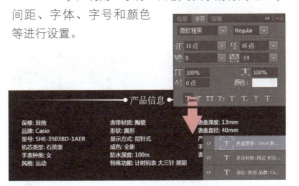

09 将腕表图像素材16.jpg添加到图像窗口中，用"钢笔工具"沿着腕表图像的边缘绘制路径，将路径转换为选区后添加图层蒙版，抠取腕表图像，接着在"图层"面板中设置图层混合模式为"明度"。

10 将腕表图像添加到选区中，为其创建"亮度/对比度2"调整图层，在打开的"属性"面板中设置"亮度"为16、"对比度"为56，提高腕表图像的亮度和对比度。

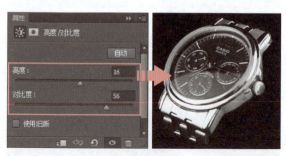

11 使用"直线段工具"和"自定形状工具"绘制出直线和箭头，接着对绘制的形状的角度和位置进行调整，对腕表的宽度和厚度进行标示，在图像窗口中可以看到编辑的效果。

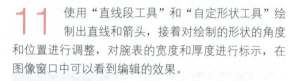

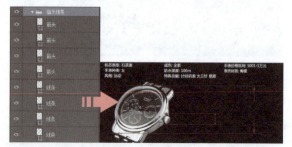

12 使用"横排文字工具"在适当的位置输入尺寸的文字信息，利用"字符"面板对文字的属性进行设置，在图像窗口中可以看到腕表尺寸标示的编辑效果。

13 对前面制作的标题栏图层组进行复制，适当移动复制的标题栏的位置，接着使用"横排文字工具"更改标题的文字内容为"完美细节"。将腕表图像素材15.jpg拖动到图像窗口中，得到相应的智能对象图层，适当调整腕表图像的大小和位置，并设置图层的混合模式为"明度"。

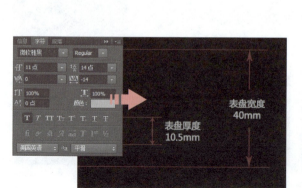

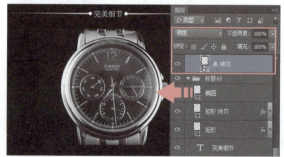

14 对添加的腕表图像素材进行复制，接着使用"椭圆选框工具"创建圆形选区并添加图层蒙版，对腕表的细节进行显示，并使用"描边"图层样式对细节图像进行修饰。

15 对前面编辑好的腕表细节图像进行复制后合并为一个图层,将其转换为智能对象图层,设置混合模式为"明度",使用"USM锐化"滤镜对图像进行锐化处理,使其细节更加清晰。

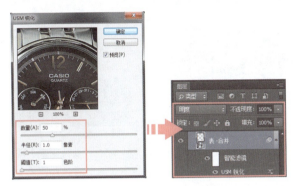

16 将腕表图像添加到选区中,为选区创建"亮度/对比度3"调整图层,在打开的"属性"面板中设置"对比度"为88,提高图像明部和暗部的对比度。

17 使用"直线段工具"和"椭圆工具"绘制出指示线,并为其设置相同的填充色,按一定的位置摆放,对细节图像在腕表上的具体位置进行清晰的指示。

18 使用"横排文字工具"在每个细节图像的下方输入文字,对每个细节进行说明,利用"字符"面板对文字的属性进行设置,在图像窗口中可以看到编辑后的效果。

19 对前面制作的标题栏图层组进行复制,适当移动复制的标题栏的位置,使用"横排文字工具"更改标题的文字内容为"交易须知",接着添加相应的文字,并使用"自定形状工具"绘制形状,完成商品详情的制作。

6.4.3 金属材质的侧边分类栏

在本案例侧边分类栏的设计和制作中，通过添加图层样式让绘制的形状呈现出金属光泽，使其与腕表的材质相互呼应，并添加多组信息使侧边分类栏的内容丰富而精致，具体制作步骤如下。

01 使用"矩形工具"绘制出侧边分类栏的矩形，填充上一定的灰色，接着再次绘制一个矩形，作为侧边分类栏单组信息的背景，使用"斜面和浮雕""描边""光泽"和"图案叠加"图层样式对其进行修饰，制作出金属质感的效果。

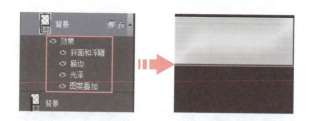

02 使用"横排文字工具"在适当的位置输入收藏区的文字，利用"字符"面板对文字的属性进行设置，然后使用"矩形工具"绘制出分隔线，完成收藏区的制作。

03 对前面绘制的金属光泽的矩形进行复制，适当调整其大小，作为客服区的背景，接着使用"横排文字工具"添加相应的文字，并将旺旺头像素材12.psd放置到其中，完成客服区的制作。

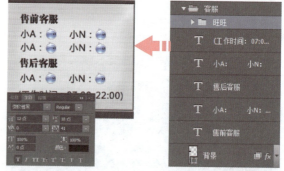

04 对前面绘制的金属光泽的矩形进行复制，适当调整其大小，作为分类区标题的背景，接着使用"横排文字工具"结合"字符"面板添加相应的文字，制作出分类区的标题。

05 使用"横排文字工具"结合"字符"面板添加商品分类文字，制作出侧边分类栏的分组信息，放在适当的位置。

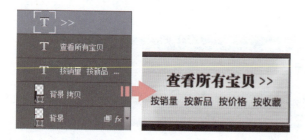

06 对前面绘制的金属光泽的矩形进行复制，适当调整其大小，作为二维码区域的背景，使用"横排文字工具"结合"字符"面板添加相应的文字，并添加二维码图片18.jpg，完成侧边分类栏的制作。

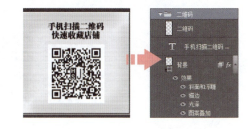

6.4.4 简约大气的腕表橱窗照

腕表橱窗照主要展示腕表的表面，使用"USM 锐化"滤镜和"色阶"调整图层对表面图像的细节和层次进行调整，使其刻度、表盘等局部细节更加精致，具体制作步骤如下。

01 使用"矩形选框工具"创建正方形选区，新建图层，在图层中为正方形选区填充上黑色，作为橱窗照的背景。

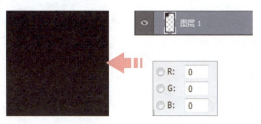

02 将腕表图像素材17.jpg添加到图像窗口中，调整其大小，使用图层蒙版控制其显示范围，设置图层混合模式为"明度"。

03 对前面编辑好的腕表图像进行复制，将复制的图层转换为智能对象图层，设置该图层的混合模式为"明度"，执行"滤镜>锐化>USM 锐化"菜单命令，在打开的对话框中设置"数量"为60%、"半径"为1.0像素、"阈值"为1色阶，单击"确定"按钮，对腕表图像进行锐化。

04 创建"色阶1"调整图层，在打开的"属性"面板中设置RGB选项下的色阶值分别为14、1.16、248，提高腕表图像的层次和对比度。至此本案例制作完成。

第7章 会声会影——网店视频制作五大技能

如今各大电商平台纷纷开始支持视频功能，许多网店也紧跟潮流，在店铺页面中加入视频广告，以更丰富的手段来展示商品。网店页面总体上是静态的、平面的，而网店视频则是动态的、立体的，因而在设计思路和制作方法上有自己的特点。会声会影是一款简单易用、功能丰富的视频剪辑和制作软件，在第1章中已经认识了它的工作界面，本章来学习它的基本使用方法。

本章重点

- 导入和编辑素材——制作视频前的准备
- 视频转场——素材的自然过渡
- 覆叠图像——实现画中画效果
- 音频制作——塑造影片灵魂
- 标题和字幕——突出作品主题

7.1 导入和编辑素材——制作视频前的准备

应用会声会影制作视频广告时,首先需要将视频中要用到的素材导入到软件中,然后对其进行一些简单的调整,如修剪视频素材、调整视频素材颜色、为素材添加滤镜效果等。下面讲解如何导入和编辑视频素材。

7.1.1 导入与添加素材

完成商品照片、视频等素材的拍摄和搜集工作,并且已将相关的图片、视频和音频等素材文件传输到计算机中后,就需要将素材文件导入会声会影的素材库,并将素材库中的素材添加到要制作的视频项目中。素材库是视频项目中所有媒体的来源,除了包括图片、视频和音频外,还包括模板、转场、效果等其他媒体资源。

01 创建素材库

为了更好地查看和管理用于制作视频的素材,需要在导入素材前创建一个用于放置素材的素材库。启动会声会影后,单击窗口顶部步骤标签中的"编辑"标签,切换到"编辑"工作区,然后在"编辑"工作区中单击素材库中的"添加"按钮,输入文件夹的名称后按 Enter 键,即可创建素材库,如下图所示。

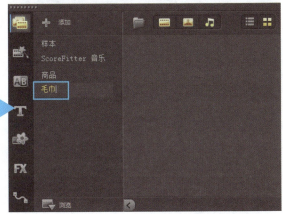

02 向素材库导入素材

创建素材库后,就需要将视频项目中要用到的素材导入到素材库中。素材库中可以添加图片、视频、音频等各种类型的素材。单击素材库顶部的"导入媒体文件"按钮，打开"浏览媒体文件"对话框，在对话框中选择要使用的素材文件，单击"打开"按钮，即可将选择的文件添加到素材库，如下图所示。

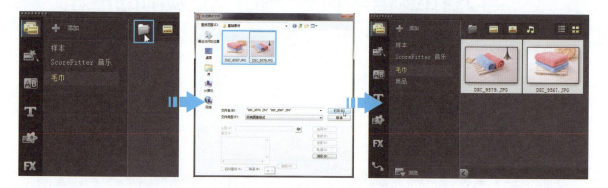

03 将素材库中的素材添加到视频项目

将素材导入素材库后，接下来就需要将素材库中的素材添加到视频项目中。会声会影在启动后已经自动创建了一个项目文件，用户也可执行"文件>新建项目"菜单命令来创建一个项目文件，再在素材库中选中需要使用的素材文件，拖动到时间轴中，然后释放鼠标，即可将素材添加到视频项目中，如下图所示。

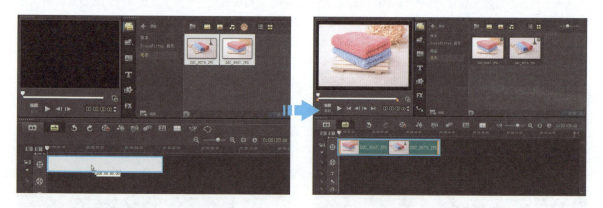

7.1.2 修剪视频类素材

如果希望商品广告视频更能引起顾客的观看兴趣，就需要让视频尽可能简短，所以在制作视频时，需要检查视频类素材，并对一些较长的视频类素材做适当的修剪。

打开一个商品广告视频项目，在时间轴中选中需要修剪的视频类素材，将鼠标指针移到左上方的预览窗口下方的导览面板中，然后将鼠标指针置于播放进度条左侧起始处的橙色修整标记上，鼠标指针将变为↔形状，如下图所示。

将修整标记从原始起始位置向右拖动,上方的滑轨将跟随修整标记移动,预览窗口中也会实时显示滑轨对应时间点的视频画面,拖至新的起始位置后松开鼠标。再使用同样的方法,将鼠标指针置于播放进度条右侧结束处的修整标记上,当鼠标指针变为形状时,单击并向左拖动至新的结束位置,即完成视频的修剪,如下图所示。

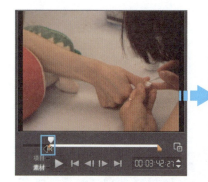 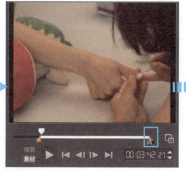 

7.1.3 素材色彩校正

在前面的章节中提到过,拍摄商品照片时容易因为各种原因导致拍出的照片存在颜色、影调不理想的情况,需要通过后期处理加以校正。制作视频时使用的素材同样存在类似的问题,如果对素材的色彩不满意,也可以应用会声会影中的色彩校正功能对素材的色彩进行调整。

创建一个视频项目,并将一张照片素材添加到时间轴中,在时间轴中单击选中该照片素材,再单击面板右上角的"选项"按钮,打开选项面板,显示"照片"选项卡,在选项卡中单击"色彩校正"按钮,如右图所示。

随后显示详细的色彩校正选项，由于照片有些偏红，因此在面板中先勾选"白平衡"复选框，然后单击下方的"自动计算白点"按钮，校正偏色的照片，再拖动右侧的"亮度"和"Gamma"选项滑块，提亮图像并调整照片的颜色，如下图所示。

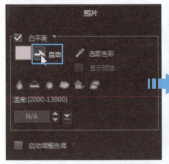 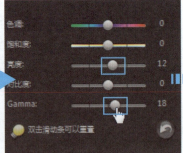 

7.1.4　为素材添加滤镜效果

会声会影中的滤镜功能可以对素材应用"光晕""气泡""云彩"等效果，制作出亦真亦幻的画面。既可以为素材添加一个滤镜效果，也可以同时添加多个滤镜效果。

在素材库中选择一张要应用滤镜的照片，将其添加到时间轴的视频轨中，单击素材库中的"滤镜"按钮，在右侧将显示各种滤镜的样本缩览图，如下图所示。

> **专家提点**
>
> 在素材库中单击某个滤镜的样本缩览图，再单击预览窗口下方导览面板中的"播放"按钮，即可在预览窗口中看到滤镜的样本预览效果。

单击"画廊"下拉按钮，在展开的下拉列表中选择一个滤镜组，在下方将显示该滤镜组中的所有滤镜。这里想将图像转换为素描绘画效果，因此在"画廊"下拉列表中选择"自然绘图"滤镜组，再单击组中的"自动草绘"滤镜并将其拖动到视频轨中的照片素材上，释放鼠标即可应用滤镜，如下图所示。

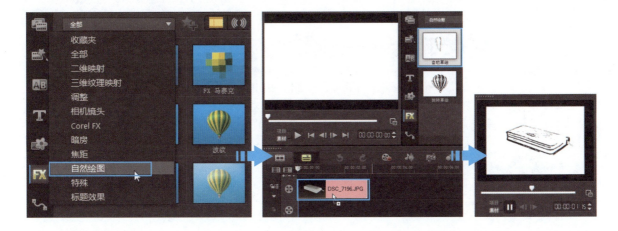

> **专家提点**
>
> 为素材添加滤镜效果后,可以单击滤镜样本缩览图下的"选项"按钮,展开选项面板,单击面板中的"自定义滤镜"按钮,打开相应的滤镜对话框,在对话框中可以进一步调整滤镜的效果选项。

7.1.5 设置视频类素材回放速度

导入视频类素材后,可以修改视频的回放速度。若将视频设置为慢速播放,可以制造慢动作效果来强调动作;若将视频设置为快速播放,则可以营造滑稽的气氛。

在视频轨中选取需要调整回放速度的视频类素材,单击"选项"按钮,在展开的选项面板中单击"速度/时间流逝"按钮,打开"速度/时间流逝"对话框,在对话框中拖动"速度"滑块,改变视频回放速度,上方的"速度"数值框中将显示相应的数值,也可以直接在"速度"数值框中输入 10～1000 之间的数值。设置为 100 时表示正常速度回放;设置大于 100 的数值表示快速回放,数值越大,回放速度就越快;设置小于 100 的数值则表示慢速回放。这里将"速度"滑块向左拖动到 45 位置,以较慢的速度回放视频,如下图所示。

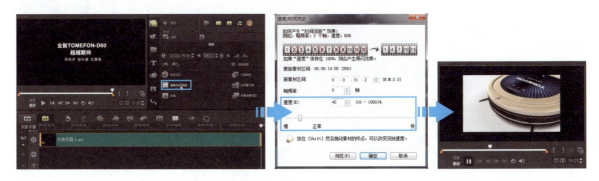

7.2 视频转场——素材的自然过渡

编辑和制作视频时，常常需要将多段视频前后连接在一起，如果视频在内容上不连续，那么播放效果就会显得很生硬。为了让视频能够自然地衔接在一起，可以在两个视频的连接处添加适当的转场效果，制作出过渡效果。会声会影提供了多种视频转场效果，在后期制作时可以根据需要选用。

7.2.1 手动添加转场效果

在会声会影中，既可以手动添加转场效果，也可以让程序自动添加转场效果。转场效果不仅可以应用于视频，还可以应用于图片。下面先讲解如何手动添加转场效果。

会声会影自带的素材库提供了 16 组转场效果，用户可以通过双击或拖动素材库中的转场效果，在视频中手动添加转场效果。在视频轨中插入多张商品照片素材，单击素材库中的"转场"按钮 AB，在右侧将默认显示全部转场效果，如下图所示。同样可以利用上方的"画廊"下拉按钮切换不同的转场效果分组。

单击选中一个想要在视频中应用的转场效果，再将其拖到时间轴上两个照片素材之间，释放鼠标，即可将选中的转场效果应用于该位置，此时单击导览面板中的"播放"按钮▶，就可以看到添加的转场效果，如右图所示。

> **专家提点**
>
> 添加转场效果后，如果想对其进行替换，可以将新转场效果拖动到时间轴上的旧转场效果缩览图上，然后释放鼠标即可完成替换。

7.2.2 自动添加转场效果

通过手动方式添加转场效果时，一次只能添加一处转场，如果需要在多个素材之间添加转场效果，逐个手动添加就比较烦琐，此时可以应用自动添加转场功能在每两个素材中间自动插入相同的转场效果。

执行"设置＞参数选择"菜单命令，或按下快捷键F6，打开"参数选择"对话框，在对话框中展开"编辑"选项卡，在"转场效果"选项组中勾选"自动添加转场效果"复选框，然后在下方的"默认转场效果"下拉列表中选择一种转场效果，单击"确定"按钮后，将需要应用自动转场效果的多个素材添加到视频轨，就可以看到素材之间自动添加了设定的转场效果，如右图所示。

> **专家提点**
>
> 如果要将转场效果随机添加到所有视频轨中的素材中，单击"转场"按钮，在右侧选项卡中单击"对视频轨应用随机效果"按钮即可。

7.2.3 调整转场效果

为素材添加转场效果后，如果对应用的效果不是很满意，还可以选中已应用的转场，在选项面板中重新设置转场的属性或行为，创建更出色的视频转场。

打开已经添加了视频转场效果的项目文件，双击视频轨中的转场效果，展开选项面板。在默认转场效果区间中输入数值，设置素材之间发生转场的秒数；在"边框"数值框中设置应用转场时图形的边框粗细；单击"色彩"选项右侧的色块，在展开的面板中选择一种边框颜色。设置完成后单击预览窗口下的"播放"按钮，就可看到更改后的转场效果。

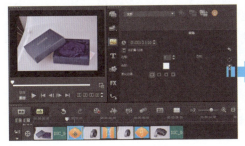

7.3 覆叠图像——实现画中画效果

在一些网店视频中,经常会看到商品与视频同时出现在一个画面中的画中画效果,这种效果也可以用会声会影制作。通过在素材中添加一个或多个覆叠轨,可以为视频增添更多创意效果。

7.3.1 添加单个覆叠素材

覆叠素材可以是图片、视频、字幕等。用户既可以在视频中添加单个覆叠素材,也可以同时添加多个覆叠素材,下面先介绍添加单个覆叠素材的方法。打开需要添加覆叠素材的项目文件,单击素材库上方的"导入媒体文件"按钮,导入需要加载的覆叠素材,在素材库中选中覆叠素材并右击,在弹出的快捷菜单中执行"插入到>覆叠轨#1"命令,即可将选择的覆叠素材添加到时间轴上的覆叠轨中,这时在预览窗口中会显示插入的覆叠素材,形成画中画效果,如下图所示。

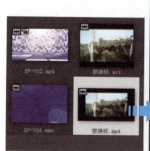 

7.3.2 添加多个覆叠素材

在一个会声会影的视频项目文件中,最多可以插入 20 个覆叠轨,即可同时插入 20 个覆叠素材。若要添加多个覆叠素材,需用"轨道管理器"设置相应的覆叠轨数量。设置好覆叠轨数量后,再向各个覆叠轨中添加覆叠素材即可。

打开一个已经添加了一个覆叠素材的视频项目文件,单击时间轴左上角的"轨道管理器"按钮,在打开的对话框中单击展开"覆叠轨"下拉列表,这里只需再添加一个覆叠素材,因此在"覆叠轨"下拉列表中选择2,单击"确定"按钮,在时间轴中即添加了一个覆叠轨 2,如下图所示。

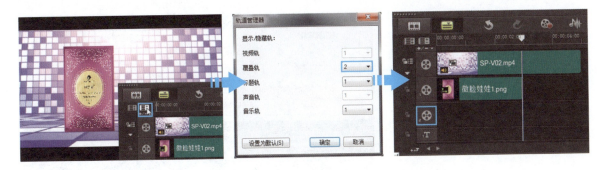

在创建的覆叠轨 2 中右击，在弹出的快捷菜单中选择要插入的素材，这里要插入一张照片，所以执行"插入照片"命令，打开"浏览照片"对话框，在对话框中选择要添加到覆叠轨中的商品图像，单击"打开"按钮，即可将选择的图像添加到覆叠轨 2 中，在预览窗口中可适当调整第 2 个覆叠图像的大小和位置，制作多个覆叠图像的效果，如下图所示。

7.3.3 调整覆叠素材的位置和大小

在视频中插入多个覆叠素材时，会声会影默认将覆叠素材显示为同样大小，并且置于画面中间位置，用户可以根据需要调整覆叠素材的位置及大小。

打开一个已添加了覆叠素材的视频项目文件，在时间轴中单击选中要调整的覆叠素材，在预览窗口中即在所选的覆叠素材边缘显示编辑框，将鼠标指针移至素材缩览图上，当鼠标指针变为十字双向箭头❖时，将覆叠素材移到目标位置，释放鼠标，即完成覆叠素材位置的调整，如下图所示。

 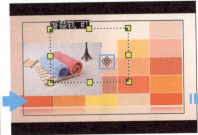 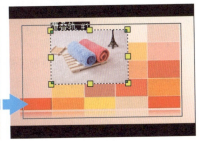

除了调整覆叠素材的位置，有时也需要调整覆叠素材的大小。将鼠标指针移到编辑框的任意一条边线或任意一个转角位置上，如右图所示，当鼠标指针变为双向箭头⇔时，单击并拖动鼠标，即可调整素材的大小。

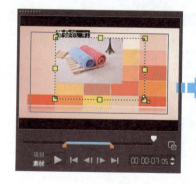 

7.3.4 设置覆叠遮罩

在视频项目文件中新插入的覆叠素材默认显示为矩形，如果需要更改覆叠素材的形状，可以为其设置覆叠遮罩。覆叠素材的遮罩又叫镂空罩，是指在覆叠素材周围应用一个新的形状，并且可以将这些形状渲染为不透明或透明效果。

打开一个已添加了覆叠素材的视频项目文件，在时间轴中单击选中需要应用覆叠遮罩效果的覆叠素材，单击"选项"按钮，打开选项面板，单击"属性"选项卡中的"遮罩和色度键"按钮，如下图所示。

在展开的选项中勾选"应用覆叠选项"复选框，激活下方更多选项，然后单击展开"类型"下拉列表，选择"遮罩帧"类型，在弹出的面板中选择一种遮罩帧。应用同样的方法，为另一个覆叠素材也设置相同的覆叠遮罩效果，设置完成后单击预览窗口下的"播放"按钮，就可以查看设置覆叠遮罩后的效果，如右图所示。

7.4 音频制作——塑造影片灵魂

声音是视频作品中不可或缺的元素之一，与画面具有同等重要的地位。会声会影提供声音轨和音乐轨两种音频轨道，用户可以将画外音插入声音轨，将背景音乐或声音效果插入音乐轨，创作出声画俱佳的视频作品。

7.4.1 添加音频素材

在会声会影中，要将音频素材添加到视频项目文件中有两种方法：一种是通过鼠标选择并拖动的方式实现，另一种是通过执行"插入到"或"插入音频"命令实现。下面以在音乐轨中添加音频素材为例进行讲解。

01 添加ScoreFitter音乐素材库中的音频素材

会声会影自带一个 ScoreFitter 音乐素材库，它包含有大量音频素材，用户可以直接将库中的音频素材添加到视频项目中。打开一个视频项目文件，此时在时间轴中可看到此视频项目文件中没有添加任何音频，如下左图所示。在素材库中单击"媒体"按钮 ，然后单击"ScoreFitter 音乐"选项，在右侧就会显示 ScoreFitter 音乐素材库中所有的音频素材，如下右图所示。

在素材库中单击选中一个音频素材并右击，在打开的快捷菜单中执行"插入到>音乐轨 #1"命令，即可将选择的音频素材插入到视频项目文件中，此时在时间轴中会显示插入的音频素材名称，如下图所示。

02 插入下载或自己录制的音频素材

除了插入软件自带的音频素材外，还可以将从网络上下载或自己录制的音频素材添加到视频项目文件中。右击时间轴中的音乐轨，在弹出的快捷菜单中执行"插入轨上方"命令，在现有音乐轨上方再添加一个空白音乐轨，如下图所示。此时新音乐轨为音乐轨 1，而原有音乐轨变为音乐轨 2。

在时间轴中右击，在弹出的快捷菜单中执行"插入音频＞到音乐轨 #1"命令，在打开的"打开音频文件"对话框中选取需要添加的音频素材文件，然后单击"打开"按钮，如下图所示。

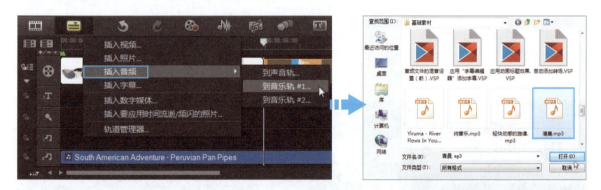

此时在时间轴中可看到选中的音频素材被添加到了新创建的音乐轨 2 中，如右图所示。用鼠标选择并拖动来添加音频素材的方法与 7.1.1 中讲解的导入素材的方法相同，这里不再赘述。

7.4.2 提取视频素材中的音频

在搜集制作视频的素材时，如果发现一段视频中的音乐非常好听，想将它应用到自己的视频广告中，可以应用会声会影中的"分割音频"功能，将视频文件中的音频部分提取出来，生成新音频轨。对于提取出的音频，还可以通过"共享"功能导出为合适的格式，应用到其他视频项目中。

打开一个视频项目文件,将需要提取音频的视频素材添加到覆叠轨中,在时间轴中单击选中覆叠轨上的视频素材并右击,在弹出的快捷菜单中执行"分离音频"命令;随后可看到视频素材中的音频被提取到声音轨中,视频素材自动切换至静音状态;单击覆叠轨和其他音频轨前的图标将其禁用,再在预览窗口中播放视频,即可听到替换音频后的视频效果,如下图所示。

7.4.3 调整音频播放时间

在视频项目文件中插入音频后,为了使音频与视频的播放长度一致,需要再对音频的播放时间进行调整,通过延长或缩短音频的播放时间,让视频的画面与声音实现完美的结合。在会声会影中,要调整音频的播放时间,既可以使用选项面板中的音频和声音选项来完成,也可以直接在时间轴中通过鼠标拖动来完成。下面介绍后一种方法。

打开一个视频项目文件,在时间轴中可看到音频文件的播放时间比视频文件的播放时间短一些,这样会导致视频在播放时后半部分只有画面、没有声音,所以需要调整音频文件的播放时间。选中音频文件,将鼠标指针移到其末尾处,当鼠标指针变为黑色箭头形状↔时,单击并向右拖动到与视频文件相同的结束位置,释放鼠标完成调整,如右图所示。

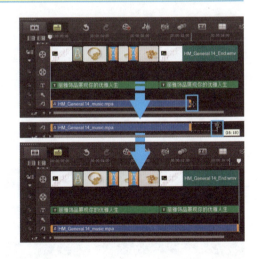

7.4.4 设置音频的淡入和淡出效果

当视频中应用了多个音频素材时,为了在播放时让多段音频之间的过渡更自然,可以在音频的开始位置和结束位置设置逐渐淡入或淡出的效果。如果视频中只有一个音频素材,同样也可以为其设置淡入或淡出效果。

打开一个添加了音频素材的视频项目文件,在时间轴中单击选中音频素材,再单击"选项"按钮,打开选项面板,在面板中单击"淡入"按钮 和"淡出"按钮 ,就可以完成淡入和淡出效果的设置,如下图所示。

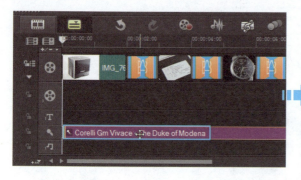

在时间轴中选中音频素材并右击,在弹出的快捷菜单中执行"淡入"或"淡出"命令,同样可以设置音频的淡入和淡出效果,如右图所示。

7.4.5 为音频添加滤镜

在会声会影中,不但可以为视频文件应用滤镜效果进行渲染,还可以为音频文件应用滤镜效果。用户可以为音乐轨和声音轨中的音频素材指定不同的滤镜效果,并且可以将音频滤镜应用到包含音频的视频素材中。

打开一个视频项目文件,在时间轴中单击选中一个音频素材,在素材库中单击"滤镜"按钮 FX,显示滤镜库,再单击上方的"显示音频滤镜"按钮 ,库中将只显示音频滤镜,单击选中一种音频滤镜,将其拖动到时间轴中的音频素材上方,释放鼠标即完成音频滤镜的添加,如下图所示。

除了通过素材库应用音频滤镜外,还可以在选项面板中应用音频滤镜。同样先在时间轴中单击选中要应用滤镜的音频素材,然后单击"选项"按钮,打开选项面板,在展开的"音乐和声音"选项卡中单击"音频滤镜"按钮,打开"音频滤镜"对话框,在"可用滤镜"列表框中选择所需的音频滤镜,如下图所示,再单击"添加"按钮,将所选音频滤镜添加到"已用滤镜"列表框,单击"确定"按钮,完成音频滤镜的添加。

 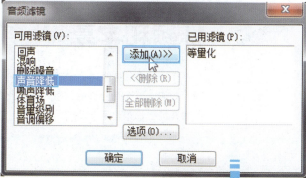

> **专家提点**
> 在"音频滤镜"对话框中选中一种音频滤镜后,单击中间的"选项"按钮,会打开相应的音频滤镜对话框,在对话框中可为选择的音频滤镜设置更详细的滤镜选项。

7.4.6 音频的混音设置

在制作网店视频时,往往需要在声音轨和音乐轨中加入画外音、背景音乐等不同的音频素材,同时视频轨、覆叠轨中的视频素材也会有自己的音频,当多种音频混合在一起时,为了达到更好的混音效果,就需要应用"混音器"分别调整各轨道中的音频的相对音量。

打开需要调整的视频项目文件,单击工具栏上的"混音器"按钮,展开"环绕混音"选项面板。这里要调整音乐轨中的音频素材,因此单击"音乐轨"按钮,再单击选项面板中的"播放"按钮,拖动下方音量调整区域的音量级别滑块,控制音量高低,再单击"环绕混音"中央的音符滑块,根据所需的声音位置进行调整,如下图所示。

7.5 标题和字幕——突出作品主题

在视频作品中经常会添加标题、字幕,以突出整个作品的主题。会声会影提供了"标题"功能,可在几分钟内创建效果专业的标题。通过对标题的设置,可以在视频文件中添加开场、标题、字幕及结尾等效果。

7.5.1 添加单个标题

在一个视频文件中可以添加一个或多个简单标题,也可以使用预设值添加动画标题。当素材库中的标题类别处于活动状态时,就可以向视频文件添加标题。

01 添加单个动画标题

会声会影的素材库中预设了多种样式的动画标题,只需用鼠标操作就能轻松地为视频文件添加动感的标题效果。

打开需要添加标题的视频项目文件,单击素材库中的"标题"按钮 T ,在展开的标题库中单击选择要添加的标题样式并右击,在弹出的快捷菜单中执行"插入到>标题轨 #1"命令,如下图所示。

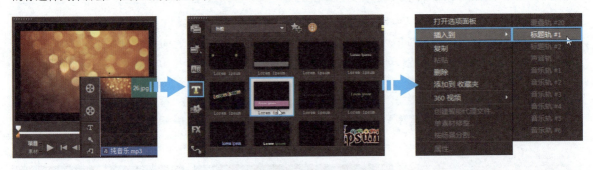

此时在时间轴的标题轨中可以看到添加的标题,随后需要重新输入标题文字。双击预览窗口中的标题文本框,将插入点置于标题文本框中,删除原来的标题文字并输入新的标题文字,如右图所示,然后单击标题轨中的标题,完成单个标题的设置。

02 添加单个静态标题

除了添加动画标题外，还可以添加静态标题。静态标题的添加方法相对简单，只需单击素材库中的"标题"按钮，然后在预览窗口中输入相应的文字即可。如下图所示，在时间轴中单击选中要添加标题的帧，然后单击"标题"按钮，在预览窗口中将显示"双击这里可以添加标题。"字样。

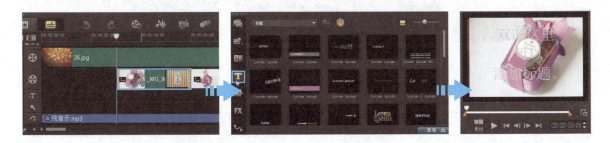

在预览窗口中的适当位置双击鼠标，显示插入点，然后输入标题文字内容，即可完成单个静态标题的添加，如下图所示。

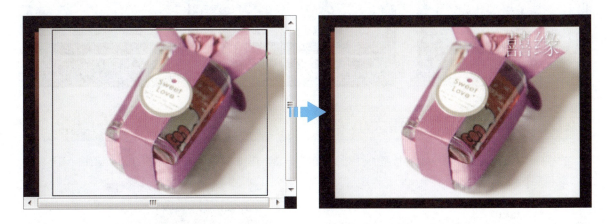

7.5.2 添加多个标题

商品的广告视频中除了需要设置主标题外，有时为了让顾客更了解商品，可以在主标题旁边添加一个副标题，对商品的卖点进行解说和强调。会声会影提供了"多个标题"功能，用户可以在视频文件中添加多组标题文字，创建更详细的商品展示效果。

打开已经添加了主标题的视频项目文件，在时间轴中双击需要添加副标题的主标题，此时将打开选项面板，在面板中的"编辑"选项卡下单击"多个标题"单选按钮，弹出"Corel VideoStudio"提示框，单击提示框中的"是"按钮，如下图所示。

将鼠标指针移到需要添加副标题的位置，双击鼠标，将插入点定位于该位置，然后在文本框中输入副标题文字。输入完文字后，还可以同时选取主标题和副标题文字，将它们移到其他位置上，如下图所示。

7.5.3 调整标题位置和大小

在视频中插入标题后，如果觉得标题的位置或大小不合适，还可以进行调整。下面分别介绍如何调整标题的位置和大小。

01 调整标题位置

对于插入的标题，可以根据画面需要调整其位置，方法非常简单，只需选中标题文本框，将它拖动到合适的位置即可。

打开已经添加标题的视频项目文件，单击时间轴中标题轨上的标题，然后在预览窗口中单击要移动位置的标题文本框，将鼠标指针指向标题文本框，当鼠标指针变为手形时，拖动标题文本框至新位置，再释放鼠标，就完成了标题位置的调整，如右图所示。

02 调整标题大小

调整标题位置后，还可以调整标题大小。调整标题大小有两种较常用的方法：一种是通过拖动标题文本框来调整，另一种是应用选项面板中的"字体大小"选项来调整。

如果要用鼠标拖动调整标题大小，则先在预览窗口中选中标题文本框，再将鼠标指针移到文本框某个角的控点上，当鼠标指针变为双向箭头时，单击并拖动鼠标，如下图所示，拖动至合适大小时释放鼠标即可。

如果要用选项面板调整标题大小，则先选中标题文本框，再单击"选项"按钮，打开选项面板，在面板中的"编辑"选项卡下单击展开"字体大小"下拉列表，在列表中选择合适的字体大小即可，如右图所示。

> **专家提点**
>
> 在视频中添加的标题需要位于标题安全区域内。标题安全区域是预览窗口中显示的白色矩形框，只有将标题文字置于该区域内，才能保证标题的边缘不会被剪切掉。

7.5.4 更改标题字体和颜色

在视频文件中插入标题后，如果用户对默认的标题字体和颜色不满意，可以根据设计需要进行调整。这一操作同样可以通过选项面板中"编辑"选项卡下的选项来完成。

在标题轨中单击选中要更改的标题，然后在预览窗口中双击标题文本，显示标题文本框后在框中拖动选择要更改字体和颜色的标题文字，选中文字后，打开选项面板，在"编辑"选项卡中单击展开"字体"下拉列表，在列表中选择字体，再单击"色彩"按钮，在弹出的面板中选择颜色，设置后即可在预览窗口中看到更改后的效果，如下图所示。

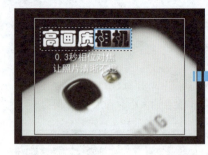  

7.5.5 为标题添加动画效果

为了广告视频呈现更动感的效果,可以为插入的标题添加动画效果。会声会影中预设了多种标题动画,先选中要应用动画效果的标题文本框,然后在选项面板中的"属性"选项卡下设置标题动画样式。

打开需要处理的视频项目文件,在时间轴中单击标题轨中的标题,再在预览窗口中单击选中要应用动画效果的标题文本框,如右图所示。

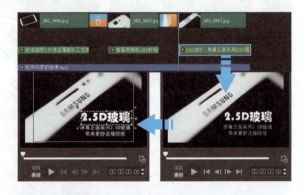

打开选项面板,在面板中单击"属性"标签,切换到"属性"选项卡,单击选项卡中的"动画"单选按钮,勾选"应用"复选框,单击"类型"右侧的下拉按钮,在展开的列表中选择动画类型,在该动画类型中单击选择一种动画样式,如右图所示。设置后单击预览窗口下方导览面板中的"播放"按钮▶,预览标题动画效果。

7.5.6 为视频添加字幕

在会声会影中,可以为视频文件添加字幕。用户可以插入事先编辑好的字幕文件,也可以使用"字幕编辑器"手动或自动添加字幕效果。

01 插入字幕文件

如果用户事先已经为视频文件制作好了字幕文件,可以在会声会影中直接插入字幕文件。打开需要添加字幕文件的视频项目文件，单击素材库中的"标题"按钮，切换到"标题"界面，单击"选项"按钮，在打开的选项面板中单击"编辑"标签，在展开的"编辑"选项卡中单击"打开字幕文件"按钮，如下图所示。

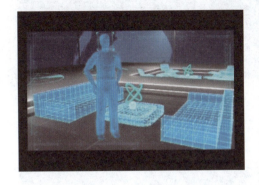 

此时弹出"打开"对话框，在对话框中选中需要插入的字幕文件，在"字体"下拉列表中选择需要使用的字体，在"字号"下拉列表中选择合适的字号，再调整文字和光晕的颜色，如右图所示，设置后单击"打开"按钮，然后单击"确定"按钮，即可按设定的格式在文件中插入字幕。

02 应用"字幕编辑器"添加字幕

如果没有事先创建字幕文件，也可以应用会声会影提供的"字幕编辑器"添加字幕。在"字幕编辑器"中，可以手动输入时间码来精确匹配字幕和画面，也可以通过声音检测功能自动生成时间码，然后根据音频内容输入字幕文本。

如下图所示，打开视频项目文件后，在时间轴中单击声音轨中的音频文件，再单击工具栏中的"字幕编辑器"按钮，打开"字幕编辑器"对话框。这里选择单击对话框底部的"扫描"按钮，让软件通过检测声音自动生成时间码，以提高工作效率。

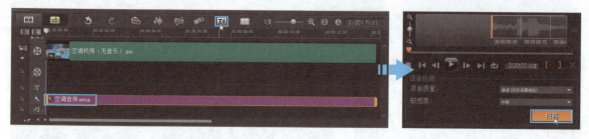

单击"扫描"按钮后,软件根据音频文件中的语音,在右侧的字幕列表中显示音频中出现旁白的时间区间,单击对话框左侧的"播放"按钮,播放音频,然后根据音频的内容,在右侧对应时间区间的字幕文本框中输入相应的文字,如下图所示。

专家提点

要启用"字幕编辑器"添加字幕,需要先在时间轴中选中一个音频素材或含音频的视频素材,否则"字幕编辑器"将无法启动。

输入完所有字幕文字后单击"确定"按钮,单击预览窗口下方的"播放"按钮,可以看到视频播放过程中会在相应的时间显示字幕,如下图所示。

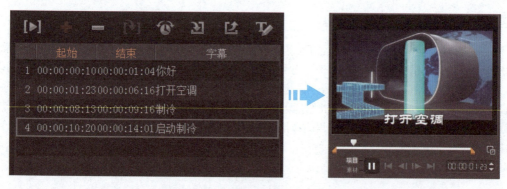

7.5.7　保存字幕文件

对于视频项目文件中的字幕，用户可以应用选项面板中的"保存字幕文件"按钮将其导出为字幕文件，以便应用在其他地方。

如下图所示，打开一个已经编辑好字幕的视频项目文件，在时间轴中双击字幕，将展开选项面板，在面板中的"编辑"选项卡下单击"保存字幕文件"按钮。

弹出"另存为"对话框，在对话框中选择字幕文件的保存位置，在"文件名"文本框中输入字幕文件的名称，最后单击"保存"按钮，将选择的字幕保存到指定的位置，用"记事本"打开生成的字幕文件就能看到其中的时间码、字幕文本等信息，如下图所示。

第8章 视频广告——让网页动起来

上一章学习了会声会影的基本使用方法,本章将通过实战对上一章所学进行应用。目前大多数电商平台的网店页面中,支持应用视频的部位主要是商品详情页中的主图视频和广告视频,本章就将通过两个典型案例完整解析主图视频和广告视频的编辑与制作流程,在实践中帮助读者掌握更多网店视频的制作技巧,让店铺页面更加生动。

本章重点

- 简洁大方的主图视频设计
- 详情页广告视频设计

8.1 简洁大方的主图视频设计

在过去,主图只能是静态的图片,如今越来越多的电商平台支持在主图展示区域中应用视频。本案例是为某品牌的糕点制作的主图视频,将多张商品照片通过添加动画效果合成为生动的视频画面,再在视频画面中添加徽标和文字,加深顾客对该品牌的印象。

素　材　实例文件 \08\ 素材 \01.jpg ～ 11.jpg、12.png、烘焙坊背景音乐 .wma

源文件　实例文件 \08\ 源文件 \ 简洁大方的主图视频设计 .vsp

> 💡 **专家提点**
>
> 打开本章源文件中的视频项目文件时有可能会由于路径变动导致素材文件缺失,可执行"文件＞重新链接"菜单命令,在弹出的对话框中单击"重新链接"按钮,对素材文件进行重新链接。

技术要点

- 在 Photoshop 中利用"裁剪工具"对照片素材进行裁剪,将竖向的素材裁剪成正方形,再利用"矩形工具"和"钢笔工具"在照片素材中绘制图形,并结合"横排文字工具"在视频首图中输入文字,增强画面的设计感。
- 将处理好的商品照片导入会声会影,并将其插入到视频轨中,应用素材库中的转场效果,合成主体画面。
- 在视频的覆叠轨中添加徽标图形和文字,加强品牌印象。
- 在素材库中选择音频素材,将其插入到音乐轨,作为视频的背景音乐,根据视频播放时间修剪音频素材,使视频广告更为完整。

8.1.1 处理商品照片素材

本案例的视频画面是用一系列商品照片素材合成出来的，为了让制作出的视频画面更吸引人，需要先对照片素材进行一些美化和修饰。在本小节中，首先在 Photoshop 中打开并编辑照片，通过裁剪照片构建主图视频需要的尺寸比例，再通过添加修饰文字，制作视频首图。

01 启动Photoshop，打开视频中需要使用的商品照片素材。由于本案例要制作主图视频，因此选择"裁剪工具"，在其选项栏中选择"预设长宽比或比例尺寸"为"1:1（方形）"，裁剪照片。

02 在工具箱中选择"矩形工具"，在其选项栏中设置工具模式为"形状"，填充颜色为R140、G20、B179，无描边色，在裁剪后的图像下方绘制一个紫色的矩形。

03 在工具箱中选择"钢笔工具"，在其选项栏中设置工具模式为"形状"，填充颜色为R231、G0、B18，在图像右下角绘制火焰图形。

04 在工具箱中选择"横排文字工具"，在页面下方输入文字"前60秒拍下"，利用"字符"面板设置文字的字体、大小和颜色等。

05 双击"图层"面板中的文字图层,打开"图层样式"对话框,在对话框左侧单击"描边"样式,在右侧设置"颜色"为紫色、描边"大小"为21像素,单击"确定"按钮。

06 继续结合"横排文字工具"和"字符"面板,在图像下方输入更多文字,完成视频首图的设计。

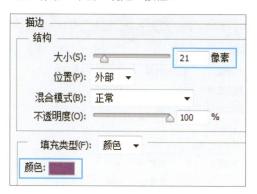

07 在Photoshop中打开需要处理的其他素材,使用类似的方法编辑图像,为视频的制作奠定基础。

8.1.2 设置视频项目属性并导入素材

完成商品照片素材的编辑后,接下来就要将素材导入在会声会影中创建的视频项目中。首先修改视频的尺寸大小并创建素材库,导入案例中需要使用的素材,然后将导入的素材插入到视频轨中,构建视频的初始形态,具体制作步骤如下。

01 启动会声会影,执行"设置>项目属性"菜单命令,打开"项目属性"对话框,在"项目格式"下拉列表中选择"DV/AVI"选项,单击"编辑"按钮。

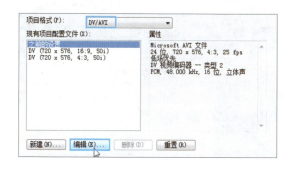

02 打开"编辑配置文件选项"对话框,在对话框中单击"AVI"标签,在展开的选项卡中重新选择一种压缩格式。

03 单击"常规"标签,在展开的选项卡中单击"自定义"单选按钮,输入视频"宽度"为800、"高度"为800,设置后单击"确定"按钮,指定视频项目尺寸大小。

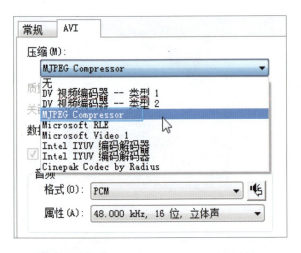

专家提点

在会声会影中,按快捷键 Alt+Enter 可以快速打开"项目属性"对话框。

04 弹出提示对话框,单击对话框中的"确定"按钮,创建项目文件。单击素材库中的"添加"按钮,创建"主图素材"素材库,单击"导入媒体文件"按钮。

05 打开"浏览媒体文件"对话框,在对话框中选中主图视频需要使用的多个素材文件,然后单击"打开"按钮。

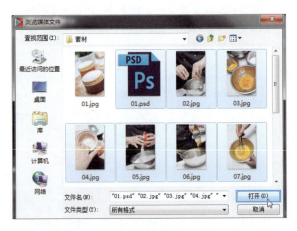

06 返回项目文件，将上一步选中的素材导入到"主图素材"素材库中，在素材库右侧显示导入的素材缩览图。选中需要插入到视频轨中的多个素材，右击选中的素材，在弹出的快捷菜单中执行"插入到>视频轨"命令。

07 随后可在时间轴中看到选中的素材被插入到视频轨中的效果。

08 在视频轨中单击选中素材02.jpg，此时在预览窗口中会显示该素材的图像内容，可以看到图像画面显示为长方形。

09 在视频轨中双击素材02.jpg，打开选项面板，在"照片"选项卡中单击"重新采样选项"下拉按钮，在展开的列表中选择"保持宽高比（无字母框）"选项，调整宽高比。

10 在视频轨中双击素材03.jpg，打开选项面板，在"照片"选项卡中单击"重新采样选项"下拉按钮，在展开的列表中选择"保持宽高比（无字母框）"选项。用同样方法调整其他素材。

第8章 视频广告——让网页动起来 231

8.1.3 创建视频转场效果

在前面的操作中,已经将视频中需要使用的商品照片素材添加到时间轴中,接下来要应用会声会影中的转场功能将这些素材自然地连接起来。选取素材库中的转场效果,将其拖动到视频轨中的两个素材之间,再应用选项面板更改转场属性和行为效果,具体制作步骤如下。

01 单击素材库中的"转场"按钮,在素材库中显示转场效果,这里要快速在所有素材之间添加转场,因此直接单击上方的"对视频轨应用随机效果"按钮。

02 随机添加转场效果后,在"画廊"下拉列表中选择"卷动"转场类别,然后选择"横条"效果,并将其拖到时间轴上01.psd和02.jpg这两个素材之间。

03 释放鼠标,应用"横条"转场效果,双击时间轴中的转场效果,打开选项面板,在默认转场效果区间中输入数值,设置素材之间发生转场的秒数,再单击右侧的"水平对开门"按钮,调整转场方式。

04 在"画廊"下拉列表中选择"卷动"转场类别,然后选择"单向"效果,并将其拖到时间轴上02.jpg和03.jpg这两个素材之间,释放鼠标,替换转场效果。

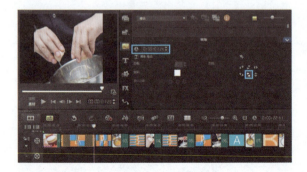

05 继续使用相同的方法,替换其他素材之间应用的转场效果。

06 双击时间轴中的素材02.jpg和03.jpg之间的转场效果,打开选项面板,在默认转场效果区间中输入数值,设置与步骤03相同的转场秒数。

07 按住Shift键不放,单击选中视频轨中的所有素材,执行"编辑>更改照片/色彩区间"命令,打开"区间"对话框,在对话框中输入参数,更改照片播放区间。

08 增加照片播放区间,再应用同样的方法,在选项面板中为其他素材之间发生转场的秒数设置相同的参数。

09 单击素材库中的"滤镜"按钮,在时间轴中单击选中素材,然后选择素材库中合适的视频滤镜,拖动到视频轨中选中的素材上。

8.1.4 添加覆叠内容和标题文字

为了加深顾客对商品品牌的印象,可以将品牌徽标插入到叠覆轨中,叠于视频照片上方,彰显品牌形象,并在徽标旁边添加相应的文字,完成视频首图设计。然后根据视频中的照片内容添加相应的标题文字,并对输入的文字设置格式和应用动画效果。具体制作步骤如下。

01 在素材库中选中要添加到覆叠轨中的素材，右击选中的素材，在弹出的快捷菜单中执行"插入到>叠覆轨#1"命令。

02 将选中的素材添加到覆叠轨中，将鼠标指针移到覆叠素材右侧，当鼠标指针变为箭头形状时，单击并向右拖动，调整素材播放区间。

专家提点

在会声会影中，用户也可以在选中素材库中的素材后将它拖动至覆叠轨中。

03 在"预览窗口"中单击选中覆叠素材，将鼠标指针移至覆叠素材外框转角上的黄色拖柄位置，当鼠标指针变为箭头形状时，单击并向内侧拖动，保持宽高比缩小覆叠素材，然后将缩小后的素材移到背景图像左上角。

04 在素材库中单击"标题"按钮，双击预览窗口，输入主标题文字"烘焙坊"，然后双击时间轴中标题轨上的主标题，打开选项面板，在面板中的"属性"选项卡中更改主标题文字的字体、颜色、大小等属性。

05 双击预览窗口，输入副标题文字"HONG-BEIFANG"，然后双击时间轴中标题轨上的副标题，打开选项面板，在面板中的"属性"选项卡中设置副标题文字的格式。

06 在预览窗口中分别选中主标题"烘焙坊"和副标题"HONGBEIFANG"，将其拖动到覆叠的徽标图像右侧，在时间轴中将标题拖动至与主图相同的播放区间。

07 单击素材库中的"标题"按钮，在时间轴中的素材02.jpg下方的标题轨中单击，确定要添加标题的位置，此时在图像上会显示"双击这里可以添加标题。"字样。

08 双击预览窗口，输入文字"选用120小时内无公害新鲜鸡蛋"，双击时间轴中的标题轨上的标题，打开选项面板，在面板中的"属性"选项卡中更改字体、颜色等属性，再单击"对齐到下方中央"按钮，对齐文字。

09 勾选下方的"文字背景"复选框，为文字添加背景效果，再单击"自定义文字背景的属性"按钮。

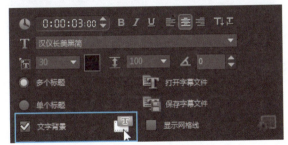

10 打开"文字背景"对话框,在对话框中的"色彩设置"选项组中单击"单色"单选按钮,再输入"透明度"为40,在预览窗口中将显示设置后的文字效果。

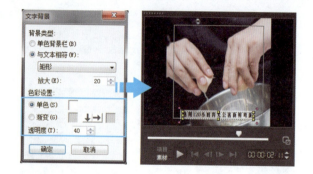

11 切换到"属性"选项卡,单击"动画"单选按钮以启用动画选项,并勾选"应用"复选框,在"选取动画类型"下拉列表中选择"弹出"类别,在下方的列表框中选择一种预设动画。

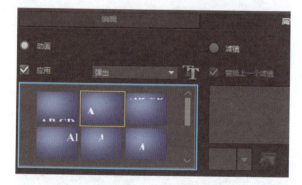

12 对文字应用动画效果后,单击预览窗口下方的"播放"按钮▶,即可预览添加的文字动画效果。继续使用同样的方法,在其他素材上输入文字并设置相同的动画效果。

8.1.5 添加背景音乐并导出视频

为了提升顾客观看视频时的愉悦感,还需要在视频中添加背景音乐。插入准备好的背景音乐音频素材,然后根据视频播放时间修剪音频,设置完成后导出视频文件,具体制作步骤如下。

01 在时间轴中的任意位置上右击,在弹出的快捷菜单中执行"插入音频>到音乐轨#1"命令。

02 弹出"打开音频文件"对话框,在对话框中选择需要插入到视频中的音频素材文件,单击"打开"按钮。

03 随后将选中的音频素材插入到音乐轨中,此时可以看到音频素材的播放时间比视频的播放时间要长很多。

04 将鼠标指针移到预览窗口下方,当鼠标指针变为箭头形状➡的修整标记时,单击并向左拖动,修剪音频素材。

05 双击音频素材,打开选项面板,在"音乐和声音"选项卡中单击"淡入"按钮 和"淡出"按钮 ,创建平滑的音频播放过渡效果,至此完成视频的编辑。按快捷键Ctrl+S保存视频项目文件。

06 接下来要将制作好的视频导出。单击窗口顶部的"共享"标签,转入"共享"工作区,单击"AVI"按钮,再单击下方右侧的"创建自定义配置文件"按钮 。

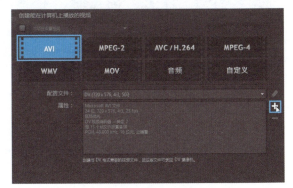

07 打开"新建配置文件选项"对话框,在对话框中单击"AVI"标签,在展开的选项卡中重新选择一种压缩格式。

08 单击"常规"标签,在展开的选项卡中单击"自定义"单选按钮,输入与视频项目相同的"宽度"和"高度",设置后单击"确定"按钮。

09 返回"共享"工作区,在工作区下方输入导出视频文件的名称,并指定文件的存储路径,设置后单击"开始"按钮,即开始按照前面设定的参数导出视频文件。

10 视频文件导出完毕后,在设定的存储路径中可以找到相应的视频文件,将鼠标指针放在视频文件上,可以看到导出的视频文件大小超出了电商平台所要求的大小。

8.1.6 按电商平台要求转换视频文件

应用会声会影导出的 AVI 格式的视频文件往往很大,超出了电商平台对于视频大小的要求,因此在本小节中,将运用格式工厂重新将文件转换为符合电商平台要求的视频文件,具体制作步骤如下。

01 安装并启动"格式工厂"应用程序，在窗口左侧单击要导出为的视频格式AVI，打开相应的操作窗口。

02 在打开的窗口中需要将前面导出的视频文件添加进来，因此单击窗口右上角的"添加文件"按钮。

03 打开"打开"对话框，在对话框中单击选中需转换的视频文件，再单击"打开"按钮。

04 返回窗口，可看到添加进来的视频文件，单击右上角的"确定"按钮。

05 返回格式工厂工作窗口，在"来源"列表框中显示已添加的视频文件，右击视频文件，在弹出的快捷菜单中执行"输出配置"菜单命令。

06 打开"视频设置"对话框，在对话框下方的"预设配置"下拉列表中选择转换文件的配置文件，设置后单击"确定"按钮。

07 返回格式工厂工作窗口，单击工具栏中的"开始"按钮，开始导出"来源"列表框中的视频文件。

08 导出视频文件的过程中，会在界面中显示视频文件导出进度，导出完成后将显示"完成"字样。

09 完成视频文件导出后，单击窗口左上角的"输出文件夹"按钮，在文件夹中就会显示转换后的视频文件。

10 选中转换后的视频文件，适当修改文件名，然后将文件剪切到存储视频文件的"源文件"文件夹中，将鼠标指针置于文件上，可以看到转换后的视频大小。

> 💡 **专家提点**
>
> 单击格式工厂窗口上方的"选项"按钮，在打开的"选项"对话框中单击"输出文件夹"选项组右侧的"改变"按钮，可以重新设置用于存储导出文件的文件夹。

8.2 详情页广告视频设计

在网店装修中,除了主图会应用视频,在商品详情内容区域中也会应用视频。与主图视频的作用不同,详情内容中的视频侧重于展示商品的功效、用法、材质等一些用图片和文字无法有效说明的内容。这些内容以视频的方式来展示,信息量更大,而且更易于理解。本案例是为某品牌的茶叶设计的商品详情视频,通过细致展示茶叶的内外包装、泡茶的操作过程、茶叶在泡制过程中的明显变化等,突显茶叶的品质和卖点,能够很好地激发顾客的购买欲望。

效果图

原图

| 素 材 | 实例文件 \08\ 素材 \13.jpg、14.mov ~ 18.mov、19.jpg ~ 24.jpg、茶叶背景音乐 .mp3、沏茶 .mp3 |
| 源文件 | 实例文件 \08\ 源文件 \ 详情页广告视频设计 .vsp |

技术要点

- 利用 Photoshop 中的"Camera Raw 滤镜"校正拍摄的茶叶照片边缘的暗角。
- 应用"曲线"调整图层调整茶叶图像亮度,结合图层蒙版控制调整的范围,使照片的色调过渡更自然。
- 将拍摄的茶叶视频素材和处理后的照片素材导入到会声会影中,根据设计需要分别把视频和照片素材插入到视频轨和覆叠轨中。
- 在视频和照片素材下方根据播放效果,输入所需的标题文字,并利用选项面板设置文字属性。
- 在声音轨中插入音频素材,通过调整音频素材的播放速度,使其与视频画面的播放进度更吻合。
- 在音乐轨中插入背景音乐,并进行适当修剪,统一视频和音频的播放时间。

8.2.1 处理照片素材

本案例中需要用到一些茶叶素材照片，这些照片因为拍摄时处理不当，画面偏暗，需要提亮。在本小节中，将运用 Photoshop 中的图像编辑功能，对茶叶素材照片进行简单的调修，具体制作步骤如下。

01 在Photoshop中打开素材照片，按下快捷键Ctrl+J，复制"背景"图层，得到"图层1"图层，执行"图层＞智能对象＞转换为智能对象"菜单命令，将该图层转换为智能对象图层。

02 执行"滤镜＞Camera Raw滤镜"菜单命令，打开滤镜对话框，单击"镜头校正"按钮，切换到"镜头校正"面板，设置"数量"和"中点"选项，单击"确定"按钮。

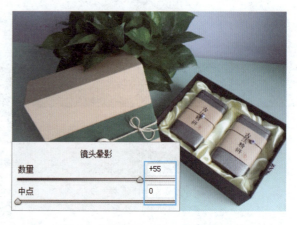

03 单击"调整"面板中的"曲线"按钮，创建"曲线1"调整图层，在打开的"属性"面板中单击并向上拖动曲线，提高图像的明亮度。

04 单击"曲线1"调整图层的蒙版缩览图以选中蒙版，选择"画笔工具"，在选项栏中设置"不透明度"为30%，涂抹右下角位置。应用相同方法对其他照片也进行简单的处理。

8.2.2 导入素材文件

完成照片素材的处理后,接下来开始制作视频。先在会声会影中创建素材文件夹,将需要用到的照片、视频和音频等素材添加到素材文件夹中,再将素材插入到时间轴中,具体制作步骤如下。

01 启动会声会影,执行"设置>项目属性"菜单命令,在打开的对话框中选择"项目格式"为"移动电话",单击"确定"按钮,新建一个项目文件。

02 在素材库中单击"媒体"按钮,单击"添加"按钮,创建新的素材库文件夹,将文件夹命名为"详情页素材",单击"导入媒体文件"按钮。

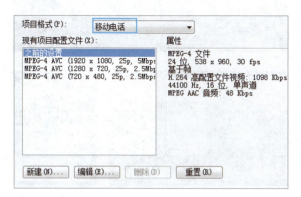

03 打开"浏览媒体文件"对话框,按住Ctrl键不放,在对话框中依次单击选中本案例需要用到的视频、照片和音频素材,选择完毕后单击"打开"按钮。

04 将选中的素材文件导入到"详情页素材"素材库文件夹中,并在右侧显示各个素材文件的缩略图。

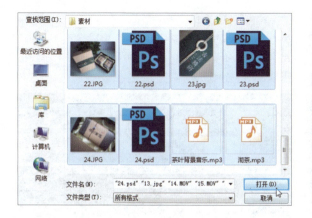

第8章 视频广告——让网页动起来 243

05 按住Ctrl键不放，依次单击需要添加到视频轨的素材缩览图。

06 在素材库中选中需要的素材后，将其拖放到视频轨上方，释放鼠标，即可将选中的素材插入到时间轴。

07 在时间轴中双击视频素材14.mov，打开选项面板，在面板中的"视频"选项卡中单击"向左旋转"按钮，旋转视频素材，然后在"重新采样选项"下拉列表中选择"保持宽高比（无字母框）"选项。

8.2.3 处理视频素材

导入的视频素材有些只需要用到其中一部分，而有些含有音频的视频素材只需要用到其中的视频画面部分。在本小节中，将对导入的视频素材按照设计需要进行分割、分离音频并删除等处理，具体制作步骤如下。

01 将鼠标指针放在时间轴标尺的滑块上，当鼠标指针变为形时，向右拖动滑块至素材14.mov的适当位置后释放鼠标，确定分割位置，右击素材，在弹出的快捷菜单中执行"分割素材"命令。

02 随后在时间轴中可看到素材14.mov在滑块所指示的位置处被分割为两段视频，在分割出来的两段视频中单击选中不需要保留的那一段，按下Delete键将其删除。

03 用同样方法拖动时间轴标尺上方的滑块至素材16.mov的适当位置，右击素材，在弹出的快捷菜单中执行"分割素材"命令。

04 在分割出来的两段视频中选中较短的那一段视频，按下Delete键将其删除，保留较长的那一段视频。

05 拖动时间轴标尺上方的滑块至素材16.mov接近末尾部分的适当位置，执行"编辑>分割素材"菜单命令，分割素材。

06 选中分割出来的较短的视频，按下Delete键将其删除。继续使用同样方法对其他视频素材进行适当的修剪。

07 由于原视频素材中录下了不需要的音频，因此需要将音频分离出来并去掉。先在时间轴中选中需要分离音频的素材14.mov。

08 选中素材后，执行"编辑>分离音频"菜单命令，在时间轴中可以看到该素材中的音频被分离至声音轨。

09 由于在后面会为视频重新配置音频，所以选中分离出的音频，按下Delete键将其删除。

第8章 视频广告——让网页动起来 245

10 继续使用同样的方法，选中视频轨中的其他视频素材，分离并删除其中的音频，只保留视频画面。

8.2.4 制作视频转场效果

在视频轨中添加多个照片和视频素材后，为了让这些素材的画面能自然地衔接在一起，需要在素材之间添加转场效果。在本小节中，先将素材库中的转场效果应用到时间轴中的素材之间，并利用选项面板调整详细选项，创建更自然的视频过渡效果，具体制作步骤如下。

01 单击素材库中的"转场"按钮，在"画廊"下拉列表中选择"过滤"类别，然后选择该类别下的"虹膜"效果。

02 将选中的"虹膜"效果拖到时间轴上13.jpg和14.mov两个素材之间，释放鼠标，在素材之间应用"虹膜"转场效果。

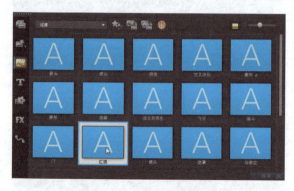

03 双击视频轨中的素材13.jpg，打开选项面板，在面板中的"照片"选项卡下重新输入照片区间为0:00:05:24，设置照片播放的时间。

04 双击时间轴中的"虹膜"转场效果，打开选项面板，在面板中的"转场"选项卡下重新输入转场效果区间为0:00:02:00，更改素材之间发生转场的秒数。

05 在"画廊"下拉列表中再次选择"过滤"类别,然后在"过滤"类别下选择"打碎"转场效果。

06 将选中的"打碎"效果拖动到时间轴上14.mov和15.mov两个素材之间,释放鼠标,在素材之间应用"打碎"转场效果。

07 双击视频轨中的素材14.mov,打开选项面板,在面板中的"视频"选项卡下重新输入视频区间为0:00:15:07,设置视频播放的时间。

08 双击时间轴中的"打碎"转场效果,打开选项面板,在面板中的"转场"选项卡下重新输入转场效果区间为0:00:02:00,更改素材之间发生转场的秒数。

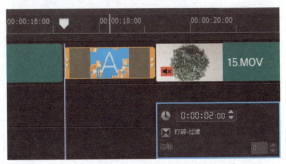

09 继续使用相同的方法调整视频轨中其他照片和视频的播放时间和转场效果,设置后在时间轴中单击选中素材14.mov。

10 执行"编辑>速度/时间流逝"菜单命令,打开"速度/时间流逝"对话框,在对话框中输入"速度"为200,加快视频播放的速度。

11 在时间轴中选中素材15.mov，执行"编辑>速度/时间流逝"菜单命令，打开"速度/时间流逝"对话框，在对话框中输入"速度"为200，加快视频播放的速度。

12 在时间轴中选中素材16.mov，执行"编辑>速度/时间流逝"菜单命令，打开"速度/时间流逝"对话框，在对话框中输入"速度"为50，放慢视频播放的速度。

13 在时间轴中选中素材18.mov，执行"编辑>速度/时间流逝"菜单命令，打开"速度/时间流逝"对话框，在对话框中输入"速度"为50，放慢视频播放的速度。

8.2.5 制作覆叠动画效果

经过前面的操作，完成了视频轨中的照片和视频素材的设置，接下来要在视频中添加覆叠的商品效果。在素材库中将覆叠素材拖动到覆叠轨后，通过调整覆叠图像的运动轨迹，创建覆叠动画效果，具体制作步骤如下。

01 单击素材库中的"媒体"按钮，在素材库中选取包含覆叠素材的素材文件夹，按住Ctrl键不放，在文件夹中依次单击选中需要应用的覆叠素材。

02 将选中的覆叠素材拖动到时间轴上的覆叠轨上方，释放鼠标，将其添加到覆叠轨中。然后选中覆叠轨上的覆叠素材，将它们拖动到视频轨中的素材22.jpg下方。

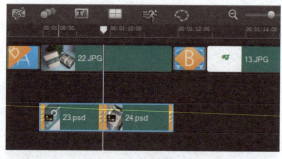

03 双击覆叠轨上的素材23.psd，打开选项面板，单击"属性"选项卡中的"从上方进入"按钮和"从下方退出"按钮，指定素材的运动轨迹。

04 双击覆叠轨上的素材24.psd，打开选项面板，单击"属性"选项卡中的"从左边进入"按钮和"静止"按钮，指定素材的运动轨迹。

8.2.6 添加标题和音频

为了让视频更加精彩，最后需要为视频添加标题文字和音频。在本小节中，先应用会声会影提供的预设标题在视频中加入文字，并结合选项面板为文字设置合适的字体、颜色等，再将音频素材分别插入到声音轨和音乐轨中，调整音频的播放速度和播放区间，完成本案例的制作，具体制作步骤如下。

01 在素材库中单击"标题"按钮，在右侧显示的预设动画标题库中选择一种预设标题。

02 将选择的预设标题拖动到时间轴中的标题轨上，释放鼠标，添加该预设标题。

03 双击标题轨中的预设标题，在预览窗口中会显示标题文字，双击预设标题文字，进入文字编辑状态后输入新的文字。

04 分别选中文本框中的标题文字，打开选项面板，在面板中的"编辑"选项卡中调整文字的字体、大小和颜色等属性。

05 单击选项面板右上角的倒三角形按钮，隐藏选项面板，打开"标题"素材库，在素材库中单击选择另外一种预设标题效果。

06 创建"标题轨#2"，将选择的预设标题拖放到时间轴中的标题轨上方，添加预设标题。将鼠标指针移到标题文字一侧，当鼠标指针变为双向箭头时，拖动鼠标，更改标题文字播放区间。

07 在预览窗口中双击预设标题进入文字编辑状态，输入新的文字，并打开选项面板，更改标题文字的字体、大小和颜色等属性。

08 在时间轴中的素材14.mov下方的标题轨中单击，然后双击预览窗口中的图像，输入标题文字，打开选项面板，更改文字的字体、大小和颜色等属性。

> 💡 **专家提点**
>
> 　　如果要更改文本框中所有文字的大小、颜色等属性，只需单击选中文本框，并在选项面板中进行设置；如果要更改部分文字的属性，则需单击并拖动选中要更改的文字，然后在选项面板中进行设置。

09 单击选项面板中的"属性"标签,展开"属性"选项卡,单击"动画"单选按钮并勾选"应用"复选框,在右侧的"选取动画类型"下拉列表中选择类别,在下方的列表框中选择一种预设动画。

10 对创建的标题文字应用预设动画效果,单击预览窗口下方导览面板中的"播放修整后的素材"按钮,播放视频文件,这时在预览窗口中可以看到视频中应用的文字动画效果。

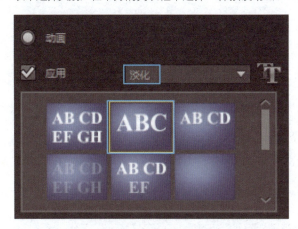

11 根据设计需要,继续在标题轨中输入更多的标题文字,并为文字设置相同的字体等属性和动画效果,完成标题文字的制作。

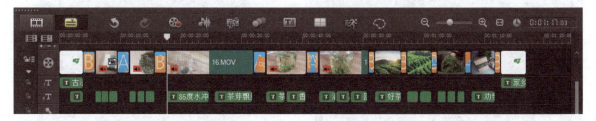

12 在素材库中单击"媒体"按钮,在"详情页素材"文件夹中选中需要添加到视频项目中的音频素材"沏茶.mp3"。

13 将选中的音频素材"沏茶.mp3"从素材库拖动到时间轴中的声音轨上,释放鼠标,再将添加的音频素材移动到合适的位置。

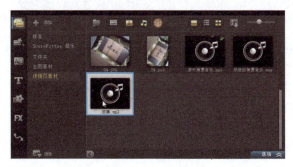
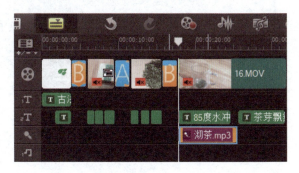

14 选中声音轨上的音频素材,执行"编辑>速度/时间流逝"菜单命令,打开"速度/时间流逝"对话框,在"速度"右侧的数值框中输入41,设置后单击"确定"按钮,放慢播放速度。

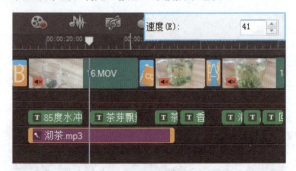

15 在时间轴中的任意位置右击鼠标,在弹出的快捷菜单中执行"插入音频>到音乐轨#1"菜单命令,打开"打开音频文件"对话框,在对话框中选择要添加的音频素材,单击"打开"按钮。

16 将选中的音频素材"茶叶背景音乐.mp3"插入到音乐轨中,作为整个视频项目文件的背景音乐。

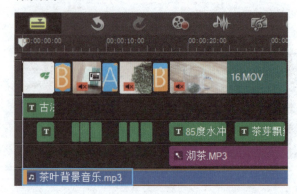

17 将鼠标指针移至预览窗口下方导览面板中的修整标记上,显示形时,单击并向左拖动,修剪音频素材,使其与视频素材的播放时间一致。

18 修剪完毕后,双击音乐轨中的音频素材,打开选项面板,在"音乐和声音"选项卡中单击"淡入"按钮和"淡出"按钮,为音频素材应用淡化效果。

19 单击"共享"标签,切换到"共享"工作区,在格式区域单击"MPEG-4"按钮,在下方输入文件名并设置文件存储位置,完成后单击"开始"按钮,导出视频文件。